To the society where children are protected

NPO法人 シンクキッズ代表理事
弁護士
後藤啓二

EPIC

はじめに

　毎日のように、子どもが家庭では親に殺され、傷つけられ、学校ではいじめや体罰、事故に遭い、通学路やインターネット上では性犯罪や凶悪犯罪の被害者になるという事件、事故が起こっています。1年間に子どもは何人死んでいるでしょうか。病気は除きます。「不慮の事故」という死因がありますが、15歳未満の子どもは291人とされています（2016年）。子どもは、家庭、学校、地域社会、ネット上で様々な危険にさらされ、被害に遭っているのです。

　家庭における親からの虐待に関しては児童相談所が、学校における危険からは学校が、地域社会における危険からは警察が、主たる責任を負うこととされていますが、これらの機関が、単独で、縦割りのままで、情報の共有もせず、連携しての活動もせず、子どもを危険から守ることなどそもそもできません。

　私の警察勤務の経験では、家出や深夜徘徊をして、犯罪に巻き込まれる子どもは虐待やネグレクト家庭の子どもたちが明らかに多く、出会い系サイトを何度も利用して保護される少女は不適切な養育家庭で育ち、非行少年グループに入っている子どもの多くも家庭で虐待に遭っていました。

　家庭が楽しければ子どもは家出や深夜徘徊するわけはありません。家にいると虐待されるから、あるいは離婚した父親が女を家に連れ込み、母親が男を家に連れ込み、到底家にいることが耐えられないから家出や深夜徘徊をするのです。本来は助けられるべき被害者なのですが、家出や深夜徘徊をする子どもたちは問題児などといわれ、警察は保護すると真の事情も調べず、虐待される家に戻してしまいます。

　私は警察勤務時にこのような警察の対応に何の疑問も感じていませんでした。しかし、今は申し訳なかったという気持ちでいっぱいです。児童相談所と情報共有し連携して対応していれば、警察官が深夜徘徊や家出をした少年を保護した際に、虐待を受けている子どもだと分かり、そのまま家に戻すの

ではなく、児童相談所と一緒に家庭訪問し、親に指導することができました。そして、その後も継続的に子どもとかかわることにより、虐待の抑止が図られ、子どもが家出や深夜徘徊をしなくなり、犯罪に巻き込まれることも防げたと思います。

　子どもは生活する様々な場で複合的に、多重的に被害に遭うことが多いことから、子どもを保護する機関である警察、学校、児童相談所等は、自らが担当する狭い範囲でのみ子どもを見ていては子どもを助けることはできません。家庭、学校、地域、あるいはネット上の子どもの置かれている状況をトータルで見る必要があるのですが、わが国ではそれが徹底的に欠けています。これらの機関は、強固な縦割り意識のままで、虐待やいじめ、不登校の情報の共有も十分にはせず、連携しての活動もせず、案件を抱え込むだけで、何ら有効な対策を講じません。特に児童相談所は閉鎖的な体質が顕著で、私どもが児童相談所と警察の情報共有と連携しての活動を求める要望を４年以上にわたり続けても、東京都等多くの児童相談所はかたくなに拒否し、いつまでも案件を抱え込み、救えるはずの子どもの命を救えない事件を繰り返しています。

　救えるはずの子どもの命が守られる社会に、ベストを尽くす社会にする。これが大人の最大の責務です。しかし、わが国ではベストを尽くすどころか、特に子ども虐待事案については、児童相談所の閉鎖的体質が改善されず、いつまでも再発防止策がとられていません。学校でも生徒間のいじめや暴力事案、不登校事案などについて、関係機関と連携せず悪化させるという同様の問題が見られます。スポーツ事故の再発防止の取組みも不十分です。子どもを襲う小児性虐待者や児童ポルノ対策も不十分です。このような対応を抜本的に改めない限り、いつまでも救えるはずの子どもの命を救うことができないのです。

　本書で、強く指摘したいことは、子どもを虐待や犯罪から守るためには、

○子どもは生活する色んな場で被害を受けていること（多重的な被害者であること）を認識し、
○そのことを児童相談所、学校、警察等は認識し、案件を抱え込み、自らの担当する範囲内でのみ対応すること（こま切れに対応すること）は最悪の対応だと理解した上で、
○被害を受けている子どもに関する情報をできるだけ多く入手して、それを共有し、それぞれの機関の能力を最大限生かした対応ができるよう密接に連携した取組みを行う、すなわち、ベストを尽くすことが必要不可欠であり、その実効性を担保するために、これらのことを法律で規定し、各機関に義務付けることが必要だということです。

　本書は、子どもが家庭、学校、地域、ネット上など様々な場でさらされている危険について述べた上、上記の考え方に基づいて子ども守る機関が密接に連携してベストを尽くして子どもを守ることができるよう、そして、子どもがかくも被害を受けるのは、根本的には、わが国の社会が子どもを性や暴力の対象とすることを容認する、子どもの利益よりも大人の利益や欲望を優先する社会であることにあると考えられることから、

○子どもを暴力や性の対象とすることを容認せず、子どもの安全と子どもの最善の利益の確保を何よりも優先する社会とするために必要な法制度の整備について提言するものです。

脱稿後の2018年12月から、神奈川県で児童相談所と警察との全件共有が実施されました。これにより2019年1月現在、全件共有が実施されている府県は11に上ることになります（本書では10府県と記載）。

　このほか、全件共有に前向きな自治体で準備が進められており、近いうちに数自治体で全件共有が実現する見込みです。

　全件共有が実施された自治体では、児童相談所と警察の間での相互の理解が進み、信頼関係が図られ、その結果より連携が進み効果が出ているというご報告も多数いただいております。このようなご報告も紹介して、引き続きさらに多くの自治体のご理解を得てまいりたいと考えております。

著　者

目次

はじめに……………………………………………………………………………… 3

第1章　家庭で虐待に遭う

1 子ども虐待の現状と制度・運用上の問題点 ………………………………… 12

情報共有しないため救えるはずの子どもを救えない ……………………… 15
けががあっても子どもが訴えても親が否定すれば「虐待でない」………… 20
「虐待でない」「緊急性は低い」と判断した案件で虐待死が多発 ………… 24
面会拒否の事案すら警察に連絡せず、子どもを見殺しにする …………… 29
【コラム】児童相談所に必要なのは「専門性」でなく一般人並みの子どもを守る思い・31
指導の効果がないことが明らかでも案件を抱え込み、見殺しにする …… 33
警察と連携せず虐待死に至る事件がどれだけ続いても連携しない ……… 33
政府も再発防止に効果のない「緊急対策」を策定 ………………………… 35
「子どもは警察に助けられなくていい」とでもいうのか ………………… 39
【コラム】子どもにとって悪夢のミラクルワード ………………………… 41
情報共有すれば警察から新たな情報を得られるのにそれを拒否 ………… 42
全件共有により子どもを守る取組みが格段にできるようになる ………… 44
児童相談所への一極集中　そして何もできない …………………………… 45
【コラム】「介入」と「支援」の双方を担わされている問題の改善 …… 47
「警察との全件共有は親との信頼関係を損ねる」は全く根拠がない …… 48
これを機会に虐待をやめようとする親も多いはず ………………………… 50
情報共有で子どもを救えるメリットを無にするな ………………………… 51
【コラム】「親との信頼関係」の強調は子どもを危険にさらす ………… 52
暴力・いじめでも学校と警察の情報共有が必要 …………………………… 54
不登校事案でも凄惨な虐待・監禁が行われていることも少なくない …… 55
所在不明・未就学・未受診児の放置 ………………………………………… 56
住民票を残して転居したら早速分からなくなる、全国データベースの整備が必要 … 58
危険な状態にありながら一時保護をしない、一時保護しながら危険な家庭に戻してしまう・61
法律で一時保護及びその解除の基準の策定が必要 ………………………… 63
他の専門職種を排除する閉鎖的体質が根本の原因 ………………………… 64

子どもを守るためでなく親のための「福祉的対応」……………………… 66
２　子ども虐待死ゼロを目指す法改正を求める活動について ……………… 69
　　求めている法改正案の概要 ………………………………………………… 71
　　取組み状況とこれまでの成果 ……………………………………………… 74
　　都道府県・政令指定市への要望活動 ……………………………………… 75
　　【コラム】役人の側に立つか、子どもの側に立つか政治家の見識の問題 … 78
　　【コラム】他国の取組み …………………………………………………… 80
　　子ども虐待の経済的・社会的損失 ………………………………………… 81
　　「Working Together　関係機関が連携してがんばろう」ガイドライン … 82
　　効果的で業務負担もない共通データベースの整備 ……………………… 88
　　全国データベースの整備へ ………………………………………………… 91
　　私どもの求める法改正の効果とその他の課題 …………………………… 91

第2章　学校で被害に遭う

１　学校で遭う被害の現状 ………………………………………………………… 98
　　多発するいじめや暴力行為から救われない ……………………………… 98
　　虐待に気づいても通報しない、通報してもほったらかし ……………… 100
　　教師による体罰・わいせつ行為に遭う …………………………………… 102
　　柔道や水泳、組体操等の授業・課外活動中に事故に遭う ……………… 103
　　学校や教師の不適切極まりない言動によりさらに被害が深刻に ……… 104
２　原因と背景 ……………………………………………………………………… 106
　　児童相談所と共通する学校の「他機関排除」体質 ……………………… 106
　　被害児童よりも加害児童の側に立つ ……………………………………… 109
　　いじめ・体罰を容認、軽視する社会風潮、裁判所の判断 ……………… 111
　　【コラム】いじめられている子どもたちの心理―専門家の方の著作から … 112
３　対策 ……………………………………………………………………………… 114
　　警察を含めた関係機関との多機関連携 …………………………………… 114
　　いじめ・暴力行為を「なかったこと」にしない ………………………… 115
　　体罰教師に対する厳格な対応 ……………………………………………… 116
　　エビデンスに基づく児童生徒の死傷事故の再発防止 …………………… 118

第3章　家庭で、学校で、地域で、SNSで性虐待・性犯罪、児童ポルノ被害に遭う
1 現状……………………………………………………………………………… 122
　(1) 家庭における性虐待・性犯罪 ……………………………………………… 122
　(2) 学校、保育所、学童保育施設、シッター等による性犯罪 ……………… 123
　(3) 通学路等での性犯罪 ………………………………………………………… 126
　(4) 子どもに対する商業的・性的搾取事案 …………………………………… 128
　　「着エロ」といわれる幼い子どもの半裸の写真集等の販売 ……………… 129
　　最近目立つJKビジネスによる子どもの性的搾取 ………………………… 129
　(5) 児童ポルノ被害事案 ………………………………………………………… 130
　　【コラム】児童ポルノはおぞましい性的虐待で犯罪そのもの …………… 132
　　【コラム】児童ポルノの与えるすさまじい害悪 …………………………… 133
　(6) SNSを利用した子どもの被害事案………………………………………… 135
2 原因と背景 …………………………………………………………………… 136
　(1) 小児性虐待者の急増―インターネットによる児童ポルノの蔓延 ……… 136
　(2) 子どもを守るために有効な法整備が未整備 ……………………………… 137
　(3) 子どもに対する性犯罪等を犯した者に対する甘い判決 ………………… 138
　(4) 子どもを性の対象とすることを容認する社会風潮 ……………………… 139
　　【コラム】規制とも言えないほどの東京都条例をめぐり漫画家、弁護士会等が反対 140
　　【コラム】世界をいらだたせる日本の取組み ……………………………… 142
3 対策……………………………………………………………………………… 143
　(1) 性的虐待を受けている子どもの早期発見の仕組みの整備……………… 143
　　周りが気づき、動く …………………………………………………………… 143
　　被害児童自身が助けを求めることができるように ………………………… 144
　(2) 学校、保育所、学童保育施設、学校ボランティア、シッター等から小児性虐待者の排除・ 145
　(3) 通学路等での性犯罪被害防止のための取組み …………………………… 147
　(4) 子どもの商業的・性的搾取を法律で禁止する……………………………… 149
　　着エロを法律で禁止する ……………………………………………………… 149
　　JKビジネスを法律で禁止する ……………………………………………… 152
　(5) 抜け穴だらけの児童ポルノ対策 …………………………………………… 153
　　写真・映像と同程度に写実的なCG、漫画も規制の対象に ……………… 153

低年齢の児童の保護の拡大 ……………………………………………… 155
　　年齢確認できないこどもらしくみえるポルノの規制 ……………… 155
　(6) SNSの利用から子どもを守る対策……………………………………… 156
　(7) 常習的性犯罪者対策 ……………………………………………………… 157

第4章　子どもが守られる社会とするための総合的な施策の提言

1 各機関の閉鎖的体質を改め子どもを守るため連携してベストを尽くす ……… 162
2 子どもを守るための法律を積極的に整備する ……………………………… 163
3 政治家、役人に子どもを守る施策を強く求める ………………………… 164
　　子どもを守ろうとしない政治家を選ばない ………………………… 164
　　怠慢な役人の責任追及の制度を整備する ……………………………… 165
4 子どもに冷たく、大人に甘い風潮、暴力や性の対象とする社会風潮を変える …… 167
　(1) 児童相談所に際立つ「子どもにつ冷たく、大人（親）に甘い」姿勢 ……… 169
　(2) なぜ裁判所はそこまで子どもよりも大人の事情に配慮するのか ……… 173
　(3) 根強い弱者より強者を優先する思想・法制度、声をあげれない子どもの立場を代弁しない… 175
　(4) 「大人の人権」を名目に児童ポルノ規制に反対で一致する一部政党・弁護士会と企業 ・177
5 社会風潮を変えるため子ども最優先の原則の樹立、考え方の確立 …………… 179
　　子どもの安全を優先することを国、自治体、企業等の原則とする ……… 180

さいごに　提言―子ども安全基本法の制定を

1 子ども安全基本法の概要 ……………………………………………………… 183
2 子ども安全基本計画について ………………………………………………… 190
　　子ども安全基本計画に記載する施策 …………………………………… 190
　　子ども安全基本計画の定め方 …………………………………………… 194
3 期待される効果 ………………………………………………………………… 194
　　期待される企業による支援 ……………………………………………… 194
　　法律の制定・解釈、対立する利益の調整に当たっては子どもの利益を優先させる 195
4 憲法に「子どもの虐待防止」を入れる……………………………………… 197

第1章　家庭で虐待に遭う

1 子ども虐待の現状と制度・運用上の問題点

　2018年3月東京都目黒区で両親から虐待死させられた5歳女児（結愛ちゃん）は救うことができた命でした。東京都の児童相談所が母親から面会拒否されたときに案件を抱え込まず警察に電話一本さえすれば、警察官が家庭訪問し、衰弱した結愛ちゃんを発見し、救うことができました。児童相談所の人員や予算が少ないこと、法律上の権限がないことが原因ではありません。児童相談所が警察と情報共有を拒否し連携しての活動をほとんど行わない閉鎖的な体質が結愛ちゃんの命を救うことができなかった最大の原因です。

　児童相談所への虐待通告件数は、年々増加し2017年度は133,778件に上りますが（図表1）、そのうち警察からの通報が49％と、ほぼ半数が警察からの通報となっています。虐待死させられる子どもの数は最近は統計上100人前後ですが（図表2）、見逃しが多いため、その3.5倍に上るという日本小児科学会の推計があります。また、上記結愛ちゃん事件のように、児童相談所が知りながらみすみす虐待死に至らしめた事件は、2003年4月から2016年度末までで218件に上っています。

　核家族化、シングル親家庭の増加や地域社会の連帯意識の希薄化から、家庭という「密室」で外部の目にさらされない親が増加したことから、虐待増は不可避であると考えます。しかし、住民からの通報が増え、児童相談所の関与も増えたにもかかわらず、虐待死が多数に上り、多くの子どもたちが虐待から一向に救われない状況が続いており、わが国の児童虐待防止対策は全く機能していません。

　中でも最大の問題は、上記のとおり結愛ちゃん事件をはじめ多くの虐待死事件に共通してみられる、関係機関が連携して活動しないという問題であり、その原因である児童相談所が警察等の関係機関と情報共有すら拒むという極めて閉鎖的な体質にあります。

　私どもは、そのような問題意識から、2014年から、国と自治体に児童相談

図表1　児童相談所での虐待相談対応件数の推移

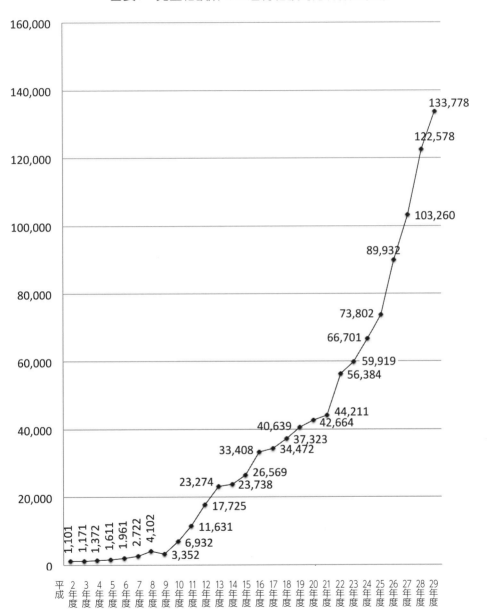

図表2　子ども虐待による死亡事例数及び人数

報告次	期間	類別	例数	計	人数	計
第1次報告	H15.7.1～12.31 （6カ月間）	心中以外	24	24	25	25
		心中	—		—	
第2次報告	H16.1.1～12.31 （1年間）	心中以外	48	53	50	58
		心中	5		8	
第3次報告	H17.1.1～12.31 （1年間）	心中以外	51	70	56	86
		心中	19		30	
第4次報告	H18.1.1～12.31 （1年間）	心中以外	52	100	61	126
		心中	48		65	
第5次報告	H19.1.1～20.3.31 （1年3カ月間）	心中以外	73	115	78	142
		心中	42		64	
第6次報告	H20.4.1～21.3.31 （1年間）	心中以外	64	107	67	128
		心中	43		61	
第7次報告	H21.4.1～22.3.31 （1年間）	心中以外	47	77	49	88
		心中	30		39	
第8次報告	H22.4.1～23.3.31 （1年間）	心中以外	45	82	51	98
		心中	37		47	
第9次報告	H23.4.1～24.3.31 （1年間）	心中以外	56	85	58	99
		心中	29		41	
第10次報告	H24.4.1～25.3.31 （1年間）	心中以外	49	78	51	90
		心中	29		39	
第11次報告	H25.4.1～26.3.31 （1年間）	心中以外	36	63	36	69
		心中	27		33	
第12次報告	H26.4.1～27.3.31 （1年間）	心中以外	43	64	44	71
		心中	21		27	
第13次報告	H27.4.1～28.3.31 （1年間）	心中以外	48	72	52	84
		心中	24		32	
第14次報告	H28.4.1～29.3.31 （1年間）	心中以外	49	67	49	77
		心中	18		28	

所と警察等関係機関との情報共有と連携しての活動等を求める活動を行っています（69頁参照）。その結果、2018年10月現在、高知県、大分県、広島県、茨城県、愛知県、埼玉県、岐阜県、大阪府、群馬県、岩手県の10府県で、児童相談所と警察との全県共有と連携した活動が取り組まれています（高知県、大分県、広島県は私どもの活動以前から全件共有を実施。広島県は市町村の要保護児童対策地域協議会（実務者会議）の場を通じて実施。神奈川県は2018年度中に実施予定）。しかし、それ以外の都道府県・政令指定市などの児童相談所は警察とほとんど情報共有せず案件を抱え込んだまま連携した活動を行っていません。

―情報共有しないため救えるはずの子どもを救えない―

　児童相談所と警察には住民等からほぼ同数の通報が寄せられています。警察は自らに寄せられた通報を全件児童相談所に情報提供していますが、児童相談所は前記10府県を除き警察にはほとんど情報提供していません。図表3

図表3　児相と警察の情報共有されていない状況

（図：児童相談所と警察の情報共有に関する図。警察からは児相には全件通報、児相から警察にはほとんど提供せず。住民等が児相に通報6.5万件 通報が死蔵。児相が警察に知らせないままの家庭。警察は対応状況を報告し、児相にも有益。警察は虐待家庭に対応する機会が多い。110番、パトロール、相談、DV捜査、迷子、家出少年の保護等で警察が対応しても……。三郷市健太ちゃん事件、葛飾区あいらちゃん事件。虐待を見逃し救えない。学校が警察に知らせないままの家庭。大阪市聖香ちゃん事件、川崎市上村くん事件。住民等が警察に通報6.5万件(通報が共有)。虐待を見逃さず対応できる。警察が把握している家庭。）

は、全件共有を実施している10府県以外の児童相談所と警察との連携状況を図示したものですが、不十分極まりない、ほとんど連携していない状況です。

　この図の左下の方に「児相が警察に知らせないままの家庭」と記載されているとおり、通報された虐待案件の半数は警察は知らないままなのです。警察は自らに寄せられた案件は把握していますが、児童相談所に直接寄せられた案件は児童相談所が提供を拒むため、ほとんど把握できないままです。そのため救えるはずの子どもの命をみすみす救えなかったという事件が多発しています。

【事件1】埼玉県三郷市健太ちゃん虐待死事件
　2008年2月、母親から家庭内で食事を与えられず健太ちゃん（2歳）が衰弱死した事件。その前年10月に児童相談所は病院から育児放棄の疑いの連絡を受け4回家庭訪問し、7回電話をかけたものの子どもの安否を確認することができなかったが、警察に連絡せず。警察にはその後住民から「子どもの泣き声がする」との通報があったが、どの家庭か分からず会えないまま、健太ちゃんは衰弱死した。

　この事件で児童相談所の所長は「母親に直接会って実態を把握することが先決と考え、警察への通報が遅れた。いま思えば、もっと早く警察に連絡すべきだった」とコメントしています（2008年3月8日読売新聞）。児童相談所が警察に情報提供していれば、遅くとも警察に通報が寄せられ、警察官が家庭訪問した時点で衰弱した健太ちゃんを発見し救うことができました。

【事件2】東京都葛飾区愛羅ちゃん虐待死事件
　2014年1月、東京都葛飾区で、当時1歳の愛羅ちゃんが父親に継続的に虐待を受け、殴り殺された事件。児童相談所は愛羅ちゃんの家庭について「見

守り中」であったが、警察に情報提供していなかった。住民から「子どもの泣き叫ぶ声がする。虐待ではないか」と110番通報があり、警察官が駆け付けたが、親から「夫婦喧嘩だ」と言われ、愛羅ちゃんの体を調べずに、虐待を受けていたことを見抜くことができず帰ってしまった。その5日後に愛羅ちゃんは虐待死させられた。遺体には40カ所ものあざがあった。東京都の児童相談所は「父親は子煩悩な面もあり虐待の可能性は考えなかった」と報じられている（2014年12月18日日本経済新聞）。

　110番で駆け付けた警察官が「夫婦喧嘩だ」という親の言葉をうのみにすることなく、子どもの衣服をめくるなどして子どもの体を調べ、体に多数のあざがあることを発見できれば、子どもを保護することができたはずです。児童相談所から事前に情報提供されていれば、駆け付けた警察官は「夫婦喧嘩」と言われても、それをうのみにすることなく「子どもさんと会わせてください」と求め、衣服をめくればあざを発見できたでしょうから、その場で愛羅ちゃんを保護することができました。児童相談所が警察と情報共有していれば、愛羅ちゃんを救うことができました。同様の事件として、次の事件があります。

【事件3】大阪市西淀川区聖香ちゃん虐待死事件
　2009年4月、小学校4年生であった聖香ちゃんが母親の同居人の男から暴行を受け続け、衰弱死させられた事件。同年1月に担任が頬のあざを発見し、学校は虐待の可能性があると認識していたが、「先入観を持たずに指導する」として「見守り」を行うことを決定した。担任が家庭訪問を申し出るも、同居男性から訪問、接触を断られている。3月23日、近隣住民がＤＶではないかと110番通報し、警察官が家庭訪問するが、母親がただの夫婦げんかと釈明したため、注意のみで引きあげてしまった。その数日後に聖香ちゃんは殺害された。

この事件は学校が案件を抱え込み、児童相談所にも通報しなかった案件ですが、学校が案件を抱え込むことなく警察に通報していれば、110番で駆け付けた警察官が親に騙されることなく、衰弱していた聖香ちゃんを保護することができました。
　いずれの事件も、児童相談所、学校が案件を抱え込まず、警察と情報共有の上、連携して活動していれば、子どもたちの命は救えたのです。

　警察は24時間365日、交番やパトカーの警察官が地域で110番通報や各種相談、DV捜査、迷子、深夜徘徊の児童の保護等幅広く活動を行っており、児童相談所が把握している虐待家庭や被害児童についても対応することが少なくありません。しかし、その際に児童相談所から虐待家庭・被害児童であるとの情報を得ていなければ、その家庭がどこか分からない（事件1）、あるいは親から騙される（事件2、3）などして虐待を見逃し、折角の機会にもかかわらず子どもを救うことができません。最悪のケースが虐待死ですが、虐待死には至らないが虐待の抑止が図れず、子どもが虐待に遭い続けるというケースは無数にあるのです。児童相談所がほとんど警察に情報提供しないままでは、このような事案はいつまでもなくなりません。一部しか情報共有しないことは連携して守られる子どもをその範囲に限定してしまうことです。これらのほか、事前に警察と児童相談所や学校の間で情報共有がなされていれば、子どもが殺害等されることを防げたものとして、[事件17]、[事件23]、[事件24]があります。

　2018年8月から全件共有が開始された埼玉県では3ヵ月で早速大きな効果が出ています。同年9月子どもの泣き声がするとして警察に通報があった事案につき、その家庭の所在が分からなかったところ、共有されることとなった児童相談所のデータベースに付近の番地から照会したところ取扱い歴のある家庭が判明し、子どもの安否が確認できたとされています（本事案は虐待

第1章　家庭で虐待に遭う

の事実は確認されなかった事案）。警察に通報がありながら虐待が疑われる家庭の所在が分からないケースはしばしばありますが、児童相談所との全件共有がなされていなければ、[事件1埼玉県三郷市健太ちゃん虐待死事件]と同様、所在が分からないまま最悪虐待死に至らしめてしまう恐れもあったのです。このほか、同年8月には家出した小学生の女児と未就学の弟を警察が保護したところ、児童相談所の取り扱いがあることが判明し、一時保護を求めて児童相談所に通告するなど、8月から10月までの3カ月間で警察が対応した事案に関係する児童3015人を照会したところ、そのうち275人に児童相談所の取り扱い歴があり、警察から234人を児童相談所に通告し、一時保護が必要として児童の身柄を伴って通告したのは40人、41人は市町村などの関係機関に情報提供したとされています（2018年11月14日埼玉新聞）。児童相談所も市町村も警察から情報を得ることができ、一時保護を含めより適切に対応できるようになったのです。埼玉県など全件共有を開始した10府県では、このような子どもを守る効果が直ちに発揮できるのです。もちろん全件共有の効果はこれだけではありません。他も含め格段に子どもを守ることができるようになることについては44頁参照（なお、これらからお分かりのように全件共有の目的は子どもを守ることであり、刑事事件化が目的ではありません）。

　ところが、東京都など多くの児童相談所では警察との情報共有を拒むことから、上記の埼玉県のように救えるはずの子どもを救えない、（児童相談所だけでは情報を得ることができないため）本来一時保護が必要な危険な状態にある子どもを一時保護することなく放置したままという状況が続いています。このような事態を防ぐためには、埼玉県をはじめ10府県で実施され、イギリスやアメリカでは当然に実施されている児童相談所と警察が全件共有し連携して子どもを守る活動をしなければならないことは明らかです。これに反対する児童相談所は、児童相談所が虐待されている子どもを知りながら警察に知らせないまま子どもを助けられなくてもいいんだ、あるいは、上記

▼

埼玉県のように連携が図られ子どもを救うことができるようにならなくていいんだと（変な言い方ですが正々堂々と）宣言している（しかも子どもを守るべき児童相談所が！）ということになるのではないでしょうか。

―けががあっても子どもが訴えても親が否定すれば「虐待でない」―

　子どもにけががあっても、子どもが「親からたたかれた」などと訴えても、親が虐待を否定すれば「虐待ではない」と多くの児童相談所は判断します。結愛ちゃん事件において香川県の児童相談所はそう判断し、結愛ちゃんを保護せず、警察にも通報しませんでした。児童相談所が親の言葉をうのみにして、子どもがけがを負わされていても虐待と認めず、警察にも通報せず、そのまま虐待死させられる案件が多発しています。

【事件4】東京都目黒区結愛ちゃん虐待死事件（香川県の対応状況）
　2016年8月「苦しい、やめて」「ごめんなさい」などとの声が聞こえ住民から児童相談所に通報されたが、児童相談所は虐待とは確認できずとして結愛ちゃんを保護せず。同年12月に寒さに震える結愛ちゃんを見つけた住民が警察に通報が入り、警察が保護し、警察から児童相談所に通告され、ようやく児童相談所が一時保護した。その後父親が手を出したことを認め、反省したとして2017年2月一時保護を解除。同年3月に自宅前に1人でいるのが見つかり再び保護したが、同年7月に解除。8月には病院からからだにあざがあるとして通報があり、結愛ちゃんは「お父さんがやった」と話したが両親は「知らない」と否定したことから児童相談所は「虐待は確認できない」と保護せず、警察にも連絡しなかった。警察は2017年2月と5月結愛ちゃんに対する傷害の疑いで書類送検したが、検察庁はいずれも不起訴とした（東京都に転居後の状況については29頁に記載）。

香川県の児童相談所が、病院から通告があり、結愛ちゃんの「お父さんがやった」との言葉もありながら、これまで二度も一時保護している虐待親の「知らない」との言葉をうのみにして「虐待は確認できない」と判断したことは、ありえないほど子どもの安全よりも親におもねるものと言わざるを得ません。一般の方で香川県の児童相談所と同じような判断をする人などいるでしょうか。香川県の児童相談所が虐待と判断し警察に通報していれば、結愛ちゃんの命を救うことができた可能性はかなり高かったと考えます。

【事件5】千葉県市原市賢大ちゃん虐待死事件
　2014年11月、当時8カ月の賢大ちゃんが父親から頭部の損傷を受け虐待死させられた事件。同年5月、生後間もない当時2カ月の賢大ちゃんが腕を骨折し、病院に入院。病院から通報を受けた児童相談所は「虐待の可能性が高い」と医師から聞かされていたが、父親が虐待を否定したことから「虐待かどうか分からない」として警察に連絡せず。10月、児童相談所は一時保護を解除し、その1カ月後に賢大ちゃんは虐待死させられた。

　千葉県の児童相談所は、乳児の腕の骨折は虐待による可能性が高いもので、父親による犯行が疑わしいにもかかわらず、父親が否認していることをもって虐待と言い切れないとして、警察に連絡しませんでした。この時点で、警察に通報していれば、警察の捜査で父親の犯行が明らかになり、父親が逮捕され、虐待死は防ぐことができました。
　そもそも児童相談所は捜査機関でなく、虐待かどうかを認定する機関ではありません。児童相談所は親が自分たちに虐待を認めなくても、子どもの安全を確保するため、捜査権を持ち証拠を収集でき、取調べ能力がある警察に調べてもらおうとはなぜ思わないのでしょうか。乳児が腕を骨折させられるという極めて深刻な事案につき、それを親による行為によるものか、調査能力のある専門機関（警察）の判断を得ることなく、「自分たちでは分からない」

からとそのままにして、乳児を家に戻すという判断をどうすればできるのか。なぜ警察に調べてもらおうと思わないのか。しかも、虐待死させられた後の取材で「やるだけのことはやったという意識がある」とコメントするに至っては（2015年9月5日毎日新聞）、何が悪かったのか分かりませんと言っているようなもので、警察に連絡するなんて夢にも思いつかないほどの他機関排除の体質が露わです。いずれにしても、このような児童相談所の対応に改善がなければいつまでも子どもが虐待死させられることになります。

【事件6】北九州市優斗ちゃん虐待死事件

2018年5月、父親が当時5歳の優斗ちゃんをテレビ台の引き出しに押し込め低酸素脳症で死亡させた事件。2月、児童相談所は病院からの通告で当時2歳の次女にやけどがあることを把握し家庭訪問したが、母親から「子どもがストーブに座った」と説明され、「子どもは両親になついている」として「虐待はない」と判断し、警察に連絡しなかった。

【事件7】兵庫県伊丹市明日香ちゃん虐待死事件

2008年11月、当時5歳の明日香ちゃんが母親から暴行を受け虐待死させられた事件。母親は2005年2月にも明日香ちゃんを骨折等の傷を負わせ、明日香ちゃんは保護されていたが、2008年2月から自宅に戻されていた（母親は不起訴）。住民から虐待ではないかと児童相談所に複数通告があり首にあざがあることも把握していたが、児童相談所は母親の「寝ぼけて柱にぶつかった」という説明を信じ、保護もせず警察に連絡もせず虐待死。児童相談所は虐待と判断しなかったことを「誤りはなかった」と強調したと報じられている（2008年10月18日日本経済新聞）。

このような児童相談所の病院や住民から通報があり、けががあっても、被害児童が親からやられたと訴えても、虐待親の言葉をうのみにして「虐待は

ない」と判断する体質は、専門性がないとかそういう問題ではありません。一般の方でこのような事案で「虐待はない」と安易に判断する方はほとんどいないと思います。親とトラブルになりたくない、親から怒鳴られたくない、その後手間暇のかかる家庭訪問や親への指導などもやりたくない、というのが本音であり、子どもを守る機関として存続させていいのかというレベルだと思いますが、香川県、千葉県のみならず多くの児童相談所でこのような対応がなされています。東京都の児童相談所が母親から面会拒否されながら結愛ちゃんの安否確認をしなかった「親との信頼関係を優先させた」という理由も（29頁参照）、子どもの安全確保をしなかった弁明としてしばしば使われますが、要するに、子どもの安全確保より親に逆らわない、親とトラブルになりたくないということを優先させる体質の現れです。

【事件8】茨城県境町小学生虐待事件

　2017年3月、1カ月以上のけがを負わされた小学生につき学校から児童相談所に通告があり、児童相談所は一時保護したが、男児は母親の交際相手から殴られたと、母親は自分がやった、男とは別れたとの説明であったため「母と子の説明に食い違いがあり内容の確認に時間を要した」として警察には連絡しなかった。その後、警察が情報を入手して捜査し、母親の交際相手を男児への傷害罪で逮捕。

　この案件でも、児童相談所は「母と子の説明に食い違いがあり内容の確認に時間を要した」と説明しますが、それは警察の仕事ですし、いずれにせよ、交際相手か母親の犯行であることは間違いないのですから、子どもに重傷を負わせた加害者がいずれかを知りながら警察に通報しないなどありえません。「通報したことを責められるとやりづらくなる」と報じられているように（2017年9月28日読売新聞）、警察に通報したことを親から怒られるのが嫌だというのが本音でしょう。そんな情けない理由で警察へ通報しないなど許

されるわけがありません。この事件でも、いずれ一時保護を解除して男児を家に戻すわけですが、警察が独自に捜査しこの男を逮捕していなければ、家に戻された後男からの暴力は続き、最悪殺害されていたかもしれません。

　10府県を除く多くの児童相談所は、これらと同様、けががあっても親が否定すれば虐待はない、あるいは緊急性はないと判断し、保護もしませんし警察に通報しないのが、通常の対応です。虐待死に至った事例だけが報道され明らかになっているだけで、児童相談所のこのよう対応で、せっかく住民から通報され適切に対応すれば本来守られるはずの膨大な数の子どもが守られないまま放置されているのです。

　後ほど詳しく触れますが、2018年7月に政府がまとめた「緊急対策」で児童相談所から警察へ情報提供する基準として「虐待による外傷が認められる事案」等とされましたが、上記のような児童相談所のこれまでの対応からは、外傷があっても親か否定すれば「虐待による外傷」と認めませんので、警察には情報提供されません。政府基準の不十分さは明らかです（35頁参照）。

―「虐待でない」「緊急性は低い」と判断した案件で虐待死が多発―

　全件共有を実施している10府県を除く児童相談所も、警察との情報共有そのものを否定しているわけではありません。「児童相談所長が必要と認める事案」は提供する（2016年11月締結の東京都と警視庁の協定書）など「緊急性、重大性が高く警察と連携する必要があると児童相談所が判断した案件は情報提供している」と説明しています。しかし、児童相談所が必要と認める事案に限定して、実際には1％程度しか提供していないところが多数あるのが現状です。

　上記のとおり、児童相談所はけががあっても親が否定すれば虐待とは認めませんし、けががないとなおさら認めません（けががないと言っても見える

ところにけががないと分かりませんので、腹部や背中にけががあっても「けがはない」と判断されてしまいます)。さらに、けががあり親が虐待を認めても「大したことない」とし「緊急性が低い」と判断し、いずれも警察に連絡しないというのが、10府県を除く児童相談所の対応です。次のような事件があります。

【事件9】東京都足立区ウサギ用ケージ監禁玲空斗ちゃん虐待死事件

2013年3月頃、東京都足立区の両親により次男の玲空斗ちゃん(当時3歳)がウサギ用ケージに長期間閉じ込められた上、タオルで窒息死させられた事件。本事件は、2012年に足立区に転入してきた家庭について、転居前に住んでいた自治体から「子どもが一時保護されていた家庭」との情報が寄せられ、東京都の児童相談所が「見守り家庭」として対応していた。玲空斗ちゃんは2012年12月から2013年3月までウサギ用ケージに監禁されていたが、児童相談所は気づかず、同年2月に家庭訪問した際には玲空斗ちゃんの安全を確認したとしているが、その直後の3月に父親から窒息死させられていた。また次女も犬用の首輪をつけ部屋の柱につなぐなどしていたこともその後発覚した。児童相談所が警察に通報したのは玲空斗ちゃんが殺害された1年後で、その間、11回家庭訪問し2回しか会えなかったが、警察に連絡しなかった。事件後足立児相の大浦俊哉所長は「虐待を疑う情報がなかった」旨弁明(2015年5月20日朝日新聞)。

【事件10】大阪市市西淀川区翼ちゃん虐待死事件

2011年8月、小学2年生の翼ちゃんが自宅で母と義父により暴行を受け虐待死させられた事件。翼ちゃんは児童養護施設に入所していたが、3月に退所し親と同居していた。遺体はやせ細り、体に多くの傷やあざ、やけどの痕が残っていた。6月に学校から児童相談所に虐待通告がなされ、児童相談所は家庭訪問を一回したのみで、「緊急性は低い」として、学校と区役所に

見守りを任せ、警察への連絡はしなかった。

【事件11】岡山市麗さん虐待死事件

　2011年5月、特別支援学校に通う麗さん（当時16歳）が母親に全裸にされ、手や足を縛られて浴室に監禁され、5時間後に低体温症で死亡した事件。児童相談所に対して前年から4回虐待の通告がなされ、学校は、麗さんの顔のあざや傷も確認し、麗さんから「母に殴られた」「週に2、3回けがをするぐらいに殴られる」「手足を縛られた」「食事を十分に与えてもらえない」と訴え、「家から出たい」との訴えも聞き、児童相談所に報告していたが、児童相談所は「緊急性は低い」と判断して警察への連絡もしなかった。

【事件12】大阪市西区桜子ちゃん楓ちゃんマンション放置餓死事件

　2010年7月、大阪市西区のマンションで母親に養育されていた3歳の桜子ちゃんと1歳の楓ちゃんの姉弟が、母親が友人と遊ぶため鍵を閉めて部屋を出て、1カ月の間帰宅せず餓死させられた事件。マンションの住民から子どもの泣き声がするとの通報を3回受けた児童相談所がマンションを5回訪問するも所在が分からなかったにもかかわらず、「緊急性は低い」として警察に連絡もせずそのまま放置していた。警察に通報がなされていれば、児童相談所と異なり、管理会社への照会、近隣住民への聞き込みなどを積極的に行うことから、泣いている子どもの所在が判明し、命を救うことができたと考えられる。

　いずれの事件も、児童相談所が「虐待ではない」「緊急性は低い」などと軽信せず警察と情報共有し連携して家庭訪問し、子どもの安否を確認していれば、子どもは傷つけられ、あるいはウサギ用ケージに入れられ、マンション内で何日も放置されていたのですから、子どもが虐待死させられる前に、子どもを救うことができました。

これらの事件を含め、児童相談所が知りながらみすみす虐待死に至らしめた多くの事件では、児童相談所は「虐待ではない」あるいは「緊急性が低い」として警察と連携する必要はないと軽信し、案件を抱え込んだままほったらかしにしています。

　特に、[事件9足立区玲空斗ちゃん事件]に至っては、東京都の児童相談所は11回家庭訪問しながら2回しか会えなかったにもかかわらず、警察に連絡せず子どもの安否も確認せず、その間玲空斗ちゃんはウサギ用ケージに入れられるなどすさまじい虐待を受け続け虐待死させられ、児童相談所がようやく警察に通報したのは玲空斗ちゃんが殺された1年後という有様です。そして、虐待死させられていたことが判明すると児童相談所は「虐待を疑う情報がなかった（足立児相の大浦俊哉所長）」と弁明するのです。

　これに反対される方はおられないと思いますが、神ならぬ人間の身で1回や2回の家庭訪問で正確な虐待リスクの判断などできるわけがありません。虐待親は虐待を否定することが通例ですし、最初の家庭訪問時にすべての情報を把握できるわけもなく、その後の親の精神状況・経済状況の悪化や暴力的な同居人の出現など急激に虐待が激化することも珍しくありません。

　ところが、多くの児童相談所は、子どもを気遣う近隣住民や病院から通報を受けながら、1回や2回の家庭訪問で「親が虐待を否定した」、「外傷が認められない」、「親が子どもになついている」「親は子煩悩である」などの理由又は印象あるいは直感で、「この案件は虐待ではない、あるいは緊急性が低く警察と情報共有しなくても大丈夫」と軽信し、案件を抱え込み、みすみす虐待死に至らしめているのです。

　もちろん、1回や2回の家庭訪問で虐待リスクの正確な判断など不可能であるということは、児童相談所の職員だけでなく、警察官、教師、市町村の職員などすべての人間にあてはまることです。次の事件は、警察官が虐待なしと判断した事案で凄惨な虐待が行われていた事件です。

【事件13】埼玉県狭山市羽月ちゃん虐待死事件

　2016年1月、3歳の羽月ちゃんが母親とその同居の男から虐待死させられた事件。2015年6月、7月と2回にわたり住民から「子どもの泣き声が30分以上する」「外に出されている」などの110番通報を受け、警察官が家庭に臨場したが、傷はなく、虐待は確認できなかったとして、児童相談所、狭山市のいずれにも通告せず、その後家庭訪問し安否の確認もしなかった。また、狭山市は母親が若年妊娠で、羽月ちゃんと1歳上の姉が乳幼児健診未受診であり、前夫と離婚し別の男と同居を始め、通っていた保育所を退所するなど危険なシグナルがあったにもかかわらず、職員が3回家庭訪問しながら、特段の対応は取らなかつた。かなり多くの危険な虐待の兆候がありながら、警察と狭山市は児童相談所に通報することなく、3組織で情報共有し、虐待リスクを正確に認識・把握することを怠ったままであった。

　警察はこの事案を教訓として、虐待であるとの疑いを持たなかったケースも、すべて児童相談所に通告する方針としました。
　以上から、虐待を把握した児童相談所や警察が1回や2回の家庭訪問で「この案件は大丈夫」として他機関と情報共有せず案件を抱え込むことの危険性は明らかです（もちろん学校も）。
　東京都をはじめ多くの自治体では、1回や2回の家庭訪問で虐待リスクの正確な判断はできるという全く根拠のない考えに基づき、上記のような虐待死事件を引き起こしているという現実を真摯に受け止めなければなりません。[事件13埼玉県狭山市羽月ちゃん事件]を教訓に、警察は対応を改めました。高知県や大分県は、一度の虐待死事件から教訓をよみとり、児童相談所と市町村、警察、教育委員会等と全件共有し連携した活動に取り組んでいます。真剣に子どもを守ろうと考えるならば、児童相談所が1回や2回の家庭訪問で「虐待ではない、あるいは緊急性が低い」との判断は正しいという前提に立つことなどできないはずです。そのような判断など不可能であるか

ら、児童相談所が自らの判断で案件を抱え込むのではなく、警察、学校等と漏れなく確実に全件共有して関係機関が連携して子どもを守ろうという判断になるはずです。しかし、東京都をはじめ多くの児童相談所は自らを神のような判断能力があるかの如く振舞い、当然ながら極めて多くの事案で致命的な判断ミスを犯し、それでも案件抱え込みを改めない、これが10府県を除く児童相談所の実態です。

―面会拒否の事案すら警察に連絡せず、子どもを見殺しにする―

　親が児童相談所の子どもとの面会を拒否するというのはかなり危険な兆候で、直ちに子どもの安否を確認しなければなりませんが、東京都など少なからずの児童相談所は逆に動きます。子どもに会わせようとしない虐待親に理解を示し、子どもの安否を確認しないのです。

【事件4】東京都目黒区結愛ちゃん虐待死事件（東京都の対応状況）
　2018年3月、5歳の結愛ちゃんが父親から殴り殺された事件。死亡時結愛ちゃんはがりがりにやせていた。結愛ちゃんは東京に転居する前に居住していた香川県で2度一時保護され、父親は2度書類送検されていた。2017年末に東京に転居し、香川県から引継ぎを受けた東京都の児童相談所は家庭訪問したが、母親から子どもとの面会を拒否されながら、「両親との信頼関係を優先した」としその後家庭訪問も警察に通報もせず、目黒区から家庭訪問したいとの申し出も受け入れず、自らは何もせず、虐待死に至らしめた。

　親から面会拒否された時点で児童相談所が警察に連絡していれば、警察が家庭訪問し、結愛ちゃんが衰弱していたのであるから、結愛ちゃんを保護することができ、結愛ちゃんが殺害されることを防ぐことができました。高知県等児童相談所と警察との連携が進んでいる自治体では、親から面会拒否さ

れた場合には直ちに警察に連絡し、児童相談所と警察が一緒に家庭訪問するという連携態勢が構築されており、警察官が同行した場合には、親は抵抗をあきらめ、子どもの安否確認に応じています。

【事件14】群馬県玉村町優将ちゃん虐待死事件
　2014年8月、3歳の優将ちゃんが母親から殴り殺された事件。児童相談所は、母親が過去に他の兄弟への虐待があり（傷害罪で逮捕。その後病死）、優将ちゃんについても生後1カ月で脳内血腫となり病院から虐待通告を受けていた。しかも、母親に育児疲れや面会拒否があり、優将ちゃんについてもあざやケガ、保育所の長期欠席などがありながら、「虐待とは言い切れない」として、一時保護も、警察への通報もせず。案件を抱え込み、母親から「児相との関りは養育の妨げになる」等と言われたため家庭訪問も4月3日を最後に、殺されるまでの5カ月間行わず、みすみす虐待死に至らしめた。

　東京都の児童相談所は、親から面会拒否されたにもかかわらず、警察に連絡もせずそのままにしたことについて「両親との信頼関係を優先した」とのコメントをしています。よく分からないのですが、推測するに「子どもに危険があっても、親が子どもに会わせたくないというのならそれで結構です。親のいやがることはしません」ということでしょうか。子どもの安全よりも親の意向に逆らわないことを優先するもので、親とトラブルになりたくないということが本音です。言うまでもありませんが、子どもの安全を託された機関なのですから、親がいやがるかどうかではなく、子どもが安全かどうか、子どもの安全確保を最優先でどう対応するかを判断すべきです。一般の方でもお分かりのとおり、「親が子どもに会わせようとしない」というのは虐待を疑うに足る危険な兆候です。児童相談所はそのようなことすら分かっていないのか（分かっていないとすればこんな組織に子どもを守る仕事をやらせるべきではありません）、あるいは分かっていても「親がいやがることはしない」

のか、いずれにしても、児童相談所のこのような「子どもの安全よりも親とのトラブルを避けたがる」対応をこのままにしていては、いつまでも子どもの虐待死は続きます。

【コラム】
児童相談所に必要なのは「専門性」でなく一般人並みの子どもを守る思い

　児童相談所が知りながら救えたはずの子どもの命を救うことができない事件が起こるたびに、児童相談所の体制の強化や職員の専門性の向上があげられます。体制の強化は必要ですが、職員の専門性の強化が必要というのは、少なくとも「介入」業務については、そういう次元の問題ではないと感じています。
　上記の多くの事件にみられるように、児童相談所は子どもに傷があっても親が否定すれば「虐待ではない」、被害児童が証言しても親が否定すれば親の言い分を信じる、という対応を繰り返しています。傷がなければ、当然のように「虐待でない」と判断し、警察に連絡することもなく放置します。また、面会拒否されたら、「親との信頼関係を優先する」という口実のもと、子どもの安否確認を自ら行わず、警察に依頼することもせず、市町村から申し出があってもやらせず、虐待死に至らしめています。子どもを気遣い通報する住民や病院関係者、市町村の担当者の子どもを守りたいという思いを、彼らは1回や2回の家庭訪問で、傷があっても親が否定すれば、「虐待でない」として（傷がなければなおのこと）打ち切り、親から面会拒否されたら「分かりました」と子どもの安否も確認せず放置してしまうのです。
　これは「専門性がない」というレベルの問題ではありません。多くの方は、なんと親におもねり子どもを危険にさらしているのかとお感じのことと思います。親とのトラブルを恐れて子どもを守ろうとしない、という体質のなせる業なのです。現在の児童相談所に何より求められるのは「専門性」ではあ

りません。情けない話ですが、せめて子どもを心配して通報する近隣の住民や病院関係者の方と同じ程度の思いで、親と毅然と対峙して子どもを守ろうとする体質、組織風土とすることであり、親とのトラブルを避けたいという思いにより危険な状況にある子どもをほったらかしにするな、ということなのです。

　現在、10府県を除く多くの児童相談所は、1回や2回会っただけで、傷があっても親が否定すれば「虐待ではない」と判断し警察と連携しなくても大丈夫、あるいは親が会わせたくないと言えば、親との信頼関係を優先し子どもの安否は確認しなくても大丈夫、という対応をしていますが、それを気遣う人に対しては、「専門機関である児童相談所がそう判断したのだから間違いない」と専門性を盾に聞く耳を持ちません。[事件4目黒区結愛ちゃん事件]では目黒区が家庭訪問しようとしたのを東京都の児童相談所がやめさせています。[事件25千葉県柏市蒼志ちゃん事件]でも柏市の懸念に千葉県の児童相談所は真剣に対応していません。[事件5千葉県市原市貴大ちゃん事件]など児童相談所が医師の虐待の疑いが強いとの意見を無視して保護しないという事案は枚挙にいとまがありません。多くの児童相談所は、「専門性」を盾に（その内実は親とトラブルになりたくないというのが本音だと思いますが）、子どもを救おうとする市町村や病院関係者の意見に応じないのです。もちろん、「上記のような対応をした事件で多くの虐待死事件が起こっているので、警察と全件共有し連携して活動をしてください」という私どもの要望にもいつまでも応じません。

　「介入」業務については、上記のような彼らのいうところの「専門性」があるとされる職員よりも、他部門から初めて児童相談所に異動し、児童相談所の上記の体質に染まっていない職員―子どもを心配して通報してくれる住民や病院関係者の方と同程度の思いのある職員―が対応する、そして警察、市町村、病院、学校等の他機関と連携して活動することが何より必要です。

―指導の効果がないことが明らかでも案件を抱え込み、見殺しにする―

　さらに、児童相談所の虐待親への指導は効果がほとんどないことも少なくありません。通告があった直後に１回や２回家庭訪問しただけで虐待が止むことなど期待できませんし、何度も通報が続く事案では全く指導の効果はないととらえるべきでしょう。

【事件15】名古屋市名東区中学2年昌己くん虐待死事件
　2011年10月、名古屋市名東区の自宅で中学２年生の昌己くんが、母親と交際し自宅に頻繁に出入りしていた男から長期間暴行を受け死亡した事件。昌己くんに対しては育児放棄などにより複数回児童相談所に通報があり、過去には一時保護も実施していた。殺害される４カ月前から昌己くんは顔に殴られた跡があり、学校などから児童相談所に通報が５回もあったが、児童相談所は家庭訪問を繰り返すのみで警察への通報も一時保護もせず、最終の家庭訪問から８日後に昌己くんは殺害された。

　児童相談所が当初から、遅くとも２度目の通報を受け自らの指導では効果がないことが明らかになった時点で、警察に連絡していれば、警察による逮捕ないしは警告などにより指導に効果が期待でき殺害は防げたことは明らかです。

―警察と連携せず虐待死に至る事件がどれだけ続いても連携しない―

　東京都などの児童相談所のさらにありえない対応は、結愛ちゃん事件をはじめ警察と連携せず虐待死に至る事件がどれだけ続いても連携しようとしないことです。いつまでも再発防止策を講じないのです。東京都は過去10年で26件もの児童相談所（区・市を含む）が知りながら虐待死に至らしめる

事件を引き起こしています。

　私どもは、2015年6月、［事件2葛飾区愛羅ちゃん事件］、［事件9足立区玲空斗ちゃん事件］、と児童相談所と警察の情報共有と連携しての活動がなされていれば、救うことができた事件が立て続けに起こったことから、東京都知事と東京都公安委員会委員長あてに「児童相談所と警察の情報共有と連携しての活動を求める緊急要望書」を提出し、都庁記者クラブで会見しました。

　都と警視庁で協議され、2016年10月情報共有協定が締結されましたが、児童相談所が通告を受けた案件のうち「児童相談所長が必要と判断した案件」のみ提供する（他には一時保護解除事案）という実質的にほとんど提供しないという内容のものでした。葛飾区愛羅ちゃん事件、足立区玲空斗ちゃん事件はいずれも児童相談所が安全であるとして警察に連絡しなかった事件であり、この協定ではこれらの事件の再発防止は図ることが出来ません。そこで、私は、2017年2月都庁の児童家庭課を訪ね、課長と面談し再発防止のため全件情報共有するよう要望しました。東京都の児童相談所は「虐待とは考えなかった（葛飾区愛羅ちゃん事件）」「虐待を疑う情報がなかった（足立区玲空斗ちゃん事件）」と弁明しており、自らの虐待リスクの判断が誤っていることは認めており、1回や2回の家庭訪問で「虐待ではない」と軽信し警察と情報共有もせず連携しての活動もしなかったことが、子どもの命を守れなかったことは明らかです。私がそのことを指摘しても、このままだとまた同様の事件が起こりますよと警告しても、課長は警察との全件共有に応じませんでした。

　そうした中、2018年2月、［事件4目黒区結愛ちゃん事件］が発生しました。東京都が私どもの前記要望を受け入れ、全件共有を実施していれば、結愛ちゃんは殺害されることはありませんでした。そこで、同年3月5日、小池百合子東京都知事と東京都公安委員会委員長あてに「児童相談所と警察の情報共有と連携しての活動を求める再度の緊急要望書」を提出し、同年3月26日、

東京都議会議長あてに同趣旨の陳情書を提出しました。

　しかし、同年9月に発表された東京都と警視庁の協定で児童相談所から警察へ情報提供される対象は、「虐待による外傷、ネグレクト、性的虐待があると考えられる事案。ただし、虐待非該当の事案、助言指導とした事案は除く」とされました。これでは、東京都の児童相談所は、[事件2葛飾区愛羅ちゃん事件]では「虐待の可能性は考えなかった」、[事件9足立区玲空斗ちゃん事件]では「虐待の情報はなかった」と弁明しているのですから、これらは東京都によると「虐待非該当」とされますので、今後も同様の案件は警察に情報提供されません。これだけ「虐待ではない」として判断を誤り虐待死に至る事件を引き起こしながら、東京都はいまだそれらを教訓に再発防止を図ろうとしないのです。

　高知県、大分県、茨城県、愛知県、大阪府をはじめ10府県は過去の虐待死事件を教訓として、再発防止策として児童相談所と警察との全件情報共有と連携した対応を実施しました。岡山県・岡山市も2011年の虐待死事件（事件11）を教訓として警察との連携に大きく踏み出しました。しかし、東京都の児童相談所はどれだけ多くの子どもをみすみす虐待死に至らしめた事件を引き起こしても、私どもから2度も要望書の提出を受けても、改善をする意欲は見られません。兵庫県、神戸市、千葉県、千葉市、香川県等の児童相談所も同様です（詳しくは76頁参照）。

―政府も再発防止に効果のない「緊急対策」を策定―

　結愛ちゃん事件を受け、2018年6月に政府は「児童虐待防止対策に関する関係閣僚会議」を設置し対策を検討するとされたことから、私どもは同年6月14日に3度目となる国に対して全件共有と連携しての活動を求める要望書を提出し、政府に働きかけました。ところが、同年7月20日に政府から公

表された「児童虐待防止対策の強化に向けた緊急総合対策」では、またもや全件共有が見送られました。これでは結愛ちゃん事件のような児童相談所が知りながら救えるはずの命を救えないという事件の再発防止にはつながりません。すなわち今回の政府の対策では、「Ⅲ　児童相談所と警察の情報共有の強化」という項目は入れられたものの、児童相談所から警察に情報提供される範囲は、

①虐待による外傷、ネグレクト、性的虐待があると考えられる事案等に関する情報
②通告受理後、48時間以内に子どもと面会ができず、児童相談所や関係機関において安全確認ができない事案に関する情報
③①の児童虐待に起因した一時保護や施設入所等の措置をしている事案があって、当該措置を解除し、家庭復帰する事案に関する情報

に限定されてしまいました。
　児童相談所が48時間以内に子どもと面会ができた事案については、①に当たる案件、すなわち、「虐待による外傷、ネグレクト、性的虐待があると考えられる事案」以外の事案は警察と情報共有しないということになります。これには次のような問題があります。
　（1）「虐待による外傷があると考えられる事案」は共有するといっても、児童相談所の職員が確認できるのは、顔や腕など衣服に覆われていない箇所に傷がある事案だけで、腹部や背中、臀部などに傷ややけどを負わされている事案は分かりません。顔に傷をつける親は衝動的に殴ってしまう親ですが、腹部や背中などを傷つける親は、児童相談所や警察に虐待が露見しないように虐待を加えているもので、より悪質なケースといえます。［事件2葛飾区愛羅ちゃん事件］は愛羅ちゃんの顔など見えるところにけがやあざはありませんでしたが、遺体には40カ所ものあざがあったのです。悪質な親は腹や背

中、お尻など衣服で覆われているところを傷つけるのです。しかし、政府の定めた情報共有の基準では、このようなより悪質な、子どもがより危険な状態にある事案は情報共有の対象とならず、警察はこのような危険な状態にある子どもを知らないままでいいとされているのです。

　また、そもそも顔に傷が認められる場合は（児童相談所が親の言い分をうのみに「虐待でない」と判断しない限り）、一時保護する、警察が逮捕するなどの慎重な対応をとることが多いわけですから、子どもはむしろ安全なことが多いわけです。

　これに対して、「顔に傷もないし、親も虐待を否定しているから、この事案は大丈夫」と児童相談所が軽信する事案で虐待死が多発しているのです。

　目に見えるところに外傷がなくとも子どもが安全だという保証は何もないのです。このことは多くの虐待死事件から明らかなのですが、政府のこの「緊急対策」はそのことを全く教訓としていません。政府まで「目に見えるところに傷がなければ虐待ではなく大丈夫なので警察と連携しなくていい」「1回や2回の家庭訪問で児童相談所が虐待ではないと判断した案件は警察と連携する必要はない」という多くの児童相談所の間違った思い込みを認めてしまったのです。

（2）次に、「虐待による」という限定が付されていることも非常に大きな問題です。子どもの顔など目にみえるところに傷があっても、[事件4目黒区結愛ちゃん事件]をはじめ多くの事案で、児童相談所は、親が虐待を否定すれば、子どもが親から殴られたと証言した場合でさえ、親の言い分をうのみにし「虐待ではない」と判断してしまいますので、「虐待による外傷」に当たらないとされ、警察の情報共有の対象とされないと判断されてしまうのです。まさにこのような事案で虐待死が多発しているのですが、この政府基準では、今までどおり児童相談所は警察とは情報共有しないのです。また、[事件5千葉県市原市貴大ちゃん事件]は腕を骨折させられた乳児につき、児童相談所が父親が否定したことから医師の虐待の疑いが強いとの意見を無視し

て「虐待とは断定できない」として警察にも連絡しなかった事件ですが、このような事案が今後も警察に連絡されないこととなってしまうのです。今回の政府の基準では、このような案件が引き続き児童相談所から警察に通報されないままとなり、これまで同様の虐待死事件が続くことになります。

（3）さらに、「ネグレクトがあると考えられる事案」という基準ですが、全国の児童相談所が子どもを守る方向で幅広くこれに当たると判断するならばともかく、下記事件16のように、1回の家庭訪問で親が否定すれば「ネグレクトとは断定できない」などと児童相談所が判断することが通常であることから、極めて狭い範囲しか警察と共有されず、同様の事件はなくなりません。

「性的虐待があると考えられる事案」についても同様で、父親が否定すれば性的虐待があるとは言い切れないと判断するのであれば、多くの事案が警察に通報されないままになってしまいます。

【事件16】さいたま市1歳児放置熱中症死亡事件
 2013年9月、さいたま市で母親と二人暮らしの1歳女児が、9月の40度以上になる部屋の中に一人で放置され、熱中症で死亡した事案。母親のネグレクトが心配されると通報を受けた児童相談所が訪問したが、「問題なし」「ネグレクトの確証なし」と判断。警察に連絡せず。1カ月後に40度の部屋に放置され熱中症で死亡。母親は日常的に置き去りにしていたと供述している（2013年9月13日産経新聞）。

 既述のとおり、警察は110番通報、DV捜査、深夜徘徊少年の保護等で虐待家庭や被害児童に対応する機会が多いわけですが、その際に知らされていなければ虐待を見逃してしまいますし、虐待死は児童相談所が1回や2回の家庭訪問で「この案件は大丈夫」と軽信した事案で多く発生していることから、児童相談所と警察は全件共有しなければ子どもを守ることはできません。情報共有の基準についてはいかなる基準を作ろうとその基準に該当しな

い子どもが安全だという保証は全くありません（上記政府の基準のように「外傷がある事案」と定めても外傷のない子どもが安全だという保証はないのです）。また、児童相談所に通報する多くの住民の方は、かなりの根拠を持ち、高い心理的なハードルを乗り越えて、子どもの安全を気遣い通報されています。それを児童相談所が1回や2回の家庭訪問で「これは虐待ではない」などと断定し、警察にも知らせないまま子ども守る活動を打ち切ってしまうことは折角の通報を無にしてしまうものです。子どもを守るためには、情報共有の対象は全件とするしかないのです。

　そんなに一生懸命子どもを守らなくてもいいんじゃないか、児童相談所が大丈夫というのならそれでいいんじゃないか、たとえそれで殺されてもと、考えでもしない限り、全件共有するしかないのです。

　大阪府と埼玉県は、私どもの要望を受け締結された当初の協定では（大阪府は前年2月、埼玉県は前年6月）、児童相談所から警察に提供される範囲はごく限られたものでした。しかし、それでは不十分であるとご理解いただき、2018年8月から全件共有を実施していただくことになりました。なぜ、厚労省や警察庁はこのような先進的な自治体の対応にならおうとしないのでしょうか。限られた子どもしか守らないでいいというのならともかく、幅広く子どもを守ることを真剣に考えると、全件共有しかないという判断に至るはずです。

　この政府の緊急対策は、子どもを守るためには極めて不十分なものであり、直ちに情報共有の範囲を全件とするよう見直しが必要です。

―「子どもは警察に助けられなくていい」とでもいうのか―

　全件共有を拒否する多くの児童相談所とそれを容認している知事、市長、厚労省・警察庁は、児童相談所が虐待されている子どもを知りながら警察に知らせないために、警察が救う機会があるにもかかわらず虐待死に至る状況

を容認していることになります。このような行政の姿勢は、児童虐待問題を虐待されている子どもの立場からでなく、縦割りのまま他機関と連携したくないという児童相談所の思惑を優先しているものといえます。

　虐待されている子どもの立場から考えるということは、「僕は、私は、警察に助けてほしくないなんて思ってないよ。警察からでも誰からでも助けてほしいんだよ」と思っているに違いないと想像し、(実際に父親から妹とともに虐待を受けていた小学5年の男児が交番に相談し警察に妹ともに保護され、父親が逮捕された事件があります。)、その思いにはせ、「全力で守ってあげるよ、ベストを尽くして君を守るよ」と子どもたちに心の中で伝え、そのような制度をつくることだと考えます。そう考えるならば、児童相談所が把握している虐待を受けている子どもについても警察に知らせて、連携して子どもを守るべきだという発想になると思います(もちろん警察だけでなく子どもを守ることができる機関はすべてと考えることになりますが)。間違っても、児童相談所が子どもの身を案じる住民からの通報を受けながら、警察にも知らせず、そのまま虐待死させても仕方がないという発想には決してなりません。そんなことを思う国民は一人もいないでしょう。ところが、多くの児童相談所はそうではないのです。案件を抱え込み警察に知らせずみすみす虐待死に至らしめる事件を何度引き起こしても改めません。「なぜ警察にも知らせて、ぼくを、私を守ってくれないの」というのが虐待されている子どもたちの思いではないでしょうか。そのような虐待されている子どもたちの声を聴く必要がない、というのが東京都をはじめ多くの児童相談所の姿勢なのです。

　虐待されている子どもは警察にも誰にでも助けてもらいたいと思っているに違いありませんが、全件共有を否定する論者は「虐待されている子どもは警察に助けられなくていい」「児童相談所が警察に連絡しないでいいと判断したのなら、それで虐待死させられてもしょうがない」というようなものです。大人は家庭でのDV、ストーカー、見知らぬ者からの犯罪等の危険を感じた

第1章　家庭で虐待に遭う

ら逃げることも警察に110番して救いを求めることができますが、家庭という密室で虐待されている子どもたちは逃げることも警察に直接救いを求めることもできません。そうであるなら、せめて警察が気付くことができるように情報を共有しておくことが最低限必要だと思うのですが、それすら認めないということなのです。全件共有を否定する論者は子どもたちに対してこういう姿勢で臨んでいるということを理解しているのでしょうか。

【コラム】
子どもにとって悪夢のミラクルワード

　「緊急性は低いと判断した」「虐待ではないと判断した」「親との信頼関係を優先した」というのが、児童相談所が知りながらみすみす子どもを虐待死に至らしめた事件の際に弁明として使われるセリフです。またこれらのセリフは警察との情報共有や連携が不要、あるいはできないという理由にも使われますが、虐待を受けている子どもたちにとってはまさに悪夢のミラクルワードです。

　子どもたちが大人のように訴えることができれば、「ううん、緊急性は低くないよ。毎日殴られているんだよ。なんで助けてくれないの」「傷があるのに何で虐待でないなんて決めるの」「親との信頼関係を優先、ってどういうこと。パパやママから怒られるのがこわくて、私がどういう目にあったか見に来てくれないの。うちに来てくれたら、私がご飯も食べさせてもらえずがりがりにやせて、殴られたあざも確認できるのよ」といったことでしょう。また、「児童相談所の人が来るのが嫌なら、おまわりさんにきてくれるようお願いして」というでしょう。

　警察との情報共有すら拒否する児童相談所は子どもたちのこのような「殺されたくない」「もちろん警察にでも助けてほしい」という思いを全く無視し、「虐待は児童相談所だけで対応すればいいんだよ。君たちは警察には助けられ

なくていいんだよ」と言っていることになるのです。大人のように逃げることも助けを求めることもできない子どもたちを、児童相談所が知りながら警察に知らせないまま虐待死することを容認する、そんな社会は虐待を受けている子どもたちにとって冷酷きわまりない社会と見えていることでしょう。

―情報共有すれば警察から新たな情報を得られるのにそれを拒否―

　さらにありえないことは、児童相談所が警察への情報提供を拒否していることから、警察から得ることのできる情報を入手できなくなっていることです。

　児童相談所が警察に虐待家庭の情報提供をしていれば、その家庭について

図表4　全件情報共有の必要性と効果

(情報共有が実現すると一期待される効果)
①児相が虐待案件を警察に情報提供
→警察が活動中に遭遇する被虐待児を見逃し救えないという事案をなくす

②警察が取り扱った虐待家庭・被虐待児の情報を児相に通報→児相が最新の情報に基づき一時保護の判断等を適正に行える

巡回連絡・パトロール

男の怒声、女性の叫び声、子どもの泣き声等の110番、

足立区ウサギ用ケージ事件
埼玉県狭山市羽月ちゃん事件

葛飾区あいらちゃん事件
大阪市西淀川区聖香ちゃん事件

警察

非行少年の補導・学校からの相談
近隣トラブル等の相談
「深夜徘徊・家出少年、迷子の保護」

③面会拒否、威嚇する言動、過去に虐待歴等特に危険な虐待家庭を児童相談所と警察が一緒に訪問することにより、子どもの安否確認、親への虐待抑止の指導が今より頻繁かつ効果的に行うことができる

第1章　家庭で虐待に遭う

　警察が110番や相談を受け、あるいはDVその他の事件で対応した場合や、被虐待児を迷子、深夜徘徊、家出、非行少年から暴力に遭った場合等で保護した場合には、警察は対応した状況を児童相談所に連絡することができるのです。そうすると、児童相談所はみずからでは把握できない貴重な情報を警察から得られることができ、一時保護等処遇判断が適切に判断できることになるのです（図表4）。

　[事件2葛飾区愛羅ちゃん事件]で、児童相談所が警察に情報提供さえしていれば、現場に赴いた警察官が親に騙されることなく、愛羅ちゃんを緊急に保護できたでしょうし、対応した警察から40か所のあざがあった事実を児童相談所は情報提供を受けることで、児童相談所も愛羅ちゃんを一時保護できたでしょう。児童相談所は警察に虐待家庭につき情報提供していないことから、上記のようなせっかく警察から入手できる貴重な情報を自ら放棄してしまっているのです。

　こんなばかなことはないでしょう。一時保護せず、子どもが虐待死に至った事例では、児童相談所は人手不足で家庭訪問もできず、虐待家庭につき情報を入手できなかった、それで一時保護できなかった、というような弁明をします。それなら、警察と情報共有さえすれば、自分では入手できない情報が入手できるようになり、一時保護等が適切に行えるようになるのです。今までより子どもを守ることができるようになるのです。なぜ、みすみすそのような機会を拒絶するのでしょうか。

　児童相談所や警察という子どもを守ることを使命とする組織には、子どもを守るという大きな目的のために、全力を尽くす、そのためには縦割りに陥ることなく他機関との連携しベストを尽くす、という姿勢が不可欠です。イギリスやアメリカでは、児童相談所と警察その他の関係機関が情報共有し連携して子どもを守る活動を行っているのですが、わが国の多くの児童相談所には他機関と連携してベストを尽くして子どもを守ろうという発想はありません。

警察と情報共有すれば、これまでより入手できる情報が増えるのです。別段児童相談所の業務が増えるわけでもないのです。児童相談所が真に子どもを守ることを考えていれば、大喜びしてもいいのでは、警察に感謝してもいいのではと思うのですが、私がいくらこのようなメリットがあると説得しても、多くの児童相談所からは「ノーサンキュー」「今で十分」「入手できなくとも構わない」などと言われ、あたかも「余計な話を持ってくるなよ」と言わんばかりの対応をされています。

―全件共有により子どもを守る取組みが格段にできるようになる―

　児童相談所と警察が全県共有して連携して子どもを守る活動を推進していけば、児童相談所が現在単独でやっている活動が次のように連携して行われることになります。

○児童相談所が把握している虐待家庭や被虐待児について110番や各種相談がなされた場合、DVへの対応がなされた場合等に警察官が親に騙され虐待を見逃がし、子どもを保護できる機会を逸し、最悪虐待死させてしまうリスクをなくすことができる
○児童相談所だけでは虐待家庭の家庭訪問がほとんどできないが、警察と連携すれば家庭訪問の頻度が上がる
○児童相談所が訪問しても面会拒否、調査拒否された事案について、警察と一緒に家庭訪問することにより面会拒否されることなく子どもの安否確認ができるようになる
○児童相談所では家庭訪問もほとんどできないことから入手できる情報が少ないが、警察と情報共有すると、警察が対応した状況の報告を受けることができることから、入手できる情報が増え、一時保護等適切な判断ができるようになる（一時保護せず虐待死に至らしめるケースが減る）

○児童相談所の職員では虐待親の指導が効果がないことが少なくないが、警察官と一緒に指導することで虐待抑止の効果が上がる
○一時保護解除の際警察から虐待家庭の情報を得ることができ、危険な家庭に子どもをも戻してしまうリスクを減らすことができる。また、一時保護を解除した後に、警察と一緒に家庭訪問することで、子どもの安否確認と親への指導がより効果的に行うことができるようになる
○虐待を受けている深夜徘徊・家出の児童を警察が保護した際に虐待家庭にそのまま戻すことなく、児童相談所と警察が連携して虐待親の指導を行い、深夜徘徊の防止と虐待の抑止を図ることができるようになる
○虐待を受けている非行少年の立直り支援を警察、学校、児童相談所が連携して行うことができるようになる

　そして、以上のような取組みを行うためには、児童相談所と警察との間で虐待案件が共有されることが前提であり、共有されない案件は上記のような取組みはできません。情報共有の範囲を限定すればするほど、連携して守られる子どもの範囲は狭くなるのです。1回や2回家庭訪問しただけで虐待の正確な判断は不可能であることからも、子どもを守ろうと真剣に考えるならば、全件共有するしかないのです。

―児童相談所への一極集中　そして何もできない―

　ここで、児童相談所の設立の経緯や組織について説明しますと、
①そもそも児童相談所は、戦後直後に戦災孤児を保護するために設立された組織で、暴力的な親の抵抗を排してでも子どもを守る、しかも24時間緊急に対応しなければならないという特質を有する虐待対応業務を担える組織でないにもかかわらず、虐待対応を担わされ、「支援」業務はともかく、通告を受け直ちに子どもの安否確認をし、虐待親の抵抗を排して子どもを

守るという「介入」業務は全く不向きということを通り越して、対応させるのが酷で、

②児童相談所は全国に212カ所しかないことから、所在地から離れた地域の家庭にまでいくのに数時間かかり、かつ、虐待対応に従事する児童福祉司は全国で3,300人しかおらず、

③虐待の継続が危惧される家庭への訪問も全く十分になされず、夜間対応もできないという態勢で、親への指導も効果がないことが多く、

④警察等他機関とは情報共有すら拒否し、連携せず、案件を抱え込み、他機関を排除する体質が顕著である。

という実態にあります。要約すると、"適性があるとは言いがたい職員が、人員も態勢もないにもかかわらず、虐待対応を担わされ、子どもを守るために不可欠な家庭訪問も全く十分にしないまま、たまに行う虐待親への指導も虐待抑止に効果がない"ということです。こんな組織が警察等他の関係機関と連携しないのですから、虐待があふれかえっている現在、事態が改善するはずもありません。

　本来は、上記のような致命的な欠陥を抱えた現制度を大幅に見直すことが必要ですが、そのための議論に時間を取られるべきではありません。最低限の手直しとして、虐待の危機対応は警察も担うこととし、児童相談所の業務の軽減、特に「介入」と「支援」という相反する業務を担わされている現状の改善を図り、児童相談所と警察、保健所、病院、学校等関係機関との連携を確保することとして、「児童相談所への一極集中、そして何もできない」という事態を一刻も早く改める必要があります。

【コラム】
「介入」と「支援」の双方を担わされている問題の改善

　児童相談所が警察等他機関と情報共有の上連携して活動することにより、児童相談所の「介入」と「支援」の双方を担わされている問題も改善に向かうものと考えます。福岡市の児童相談所で長年児童福祉司として勤務された方は、「疑いの段階で家庭に踏み込む、疑いの段階で親子分離を実施するなどの介入は、行政職員が行うより警察が行う方が絶対効果的である。・・・市民から見ると、市の職員と警察官が踏み込むのでは、警察官の信頼と権威が高いと思われ反発の仕方が違う。警察を通告先に位置付け、英国のように、通告内容を児相と警察が即座に情報を共有し、どちらが前面に出る事案かなどの協議を行うストラテジーディスカッションの仕組み（イギリス保健省2002）があるべきと思う」。

　「警察が権限行使を担うことで児相は支援的に関わることができ、介入と支援の役割分担ができるのである」

　と述べられています（河浦龍生「児童相談所と虐待「介入か支援か」論争に終止符を打つ」（藤林武史編「児童相談所改革と協働の道のり―子どもの権利を中心とした福岡市モデル」所収））。

　私も全く同感です。警察が緊急対応にかかわることにより、児童相談所が今以上に、子どもの家庭移行、里親委託、（特別）養子縁組等にかかわる時間・労力が増えるのです。こういうお考えの方は児童相談所の現場に結構おられます。

　私はこれがあるべき方向だと考えるのですが、多くの児童相談所の関係者は、依然として「介入と支援」の双方を警察と連携せず児童相談所単独でやりたいという考えのようです。しかし、そもそも、「介入」業務は、警察のような体制・機動力を有し、訓練を実施している機関に適性があることは明

らかで、児童相談所は不向きということを超えて酷です。また、一つの機関で「介入と支援」の双方を行うことから、「親との信頼関係」を優先して子どもを救うことを躊躇するということを無くすことは困難であり、この構造はやはり子どもに危険です。

「介入」は警察と連携して行うことで、児童相談所の負担を軽減し、親との関係にも悪影響を及ぼさないようにすることが子どもを守るためには必要で、そのことにより児童相談所の専門性を発揮できる「支援」業務がより充実すると考えます。

「介入と支援」の双方を警察と連携せず児童相談所単独でやりたいという考えは、これまでどおり子どもを守れない結果を招きます。子どもを守るためにいかなる態勢で取り組むのがベストかという考えからではなく、これからも他機関と連携せず、自組織だけで対応するための体制・権限の拡大を望む役人特有の発想としか思えません。

―「警察との全件共有は親との信頼関係を損ねる」は全く根拠がない―

警察との全件共有を拒否する理由として、親との信頼関係が損なわれると主張する児童相談所関係者もいます。

しかし、これは漠然とした印象のようなもので、論理の飛躍であり、何の根拠もなく、実際に起こっていません。私が高知県を訪問し、同県の児童相談所所長さんと意見交換した際に、所長さんは「平成20年に全件共有をする際に、警察と情報共有すると親からクレームがつくかと心配しました」と言っておられました。私が「ありましたか」と尋ねると、「実際には親からそんなクレームは全くなかったです」とのお答えでした。厚労省のホームページにも、高知県の報告として「取組み開始から約10年経過するが、児童相談所が警察に全件情報提供することで通告をためらうといったクレームや意見は特にない」と掲載されています。警察と全件共有すると親との信頼関係

が損なわれるということは論理の飛躍であり、現実にも起こっていないのです。

虐待親が警察に自分が虐待していることを知られたくないと思うのはある意味当然の心理で、児童相談所が警察に情報提供すると聞けばその時点で嫌がる親は多いと思いますし、児童相談所だけならどうとでも対応できるが、警察に知られるとそうはいかない、下手をすれば逮捕されるかもしれないとひどい暴力や性虐待を行っている親ほど直感的に感じると思います。しかし、だからといって、「警察と情報共有すべきでない」ということになるわけがありません。優先されるのは、虐待親が嫌がることをしないということでなく、子どもの安全確保のために必要なことを行うということなのです。

そして、論理的にも「虐待親が嫌がる」＝「虐待親との信頼関係が損なわれる」でないことは明らかです。そもそも、こんな抽象的な根拠もない理由で、情報共有し連携しての活動により多くの子どもたちの命が守られる多大な効果を犠牲にしていいわけがありません。

逆に、「親との信頼関係」なるものを理由に案件を抱え込んでの虐待死事件が多発しています。[事件3 大阪市西淀川区聖香ちゃん事件]、[事件4 東京都目黒区結愛ちゃん事件]もそうですし、2003年10月名古屋市で母親と愛人関係にあった高校生が4歳の男児を虐待死させた事件では、男児が通う保育園の園長から「親との信頼関係が損なわれるから児童相談所は親と会わないでほしい。任せてほしい」言われ、名古屋市の児童相談所がそれを受けいれてしまい、親と面会せず子どもも保護せず虐待死させてしまうという事件も起こっています。「親との信頼関係」を理由に子どもの安全確保をしないということは極めて危険なことは数多くの失敗事例から明らかです。

さらに、こんな理由で警察と情報共有しないということを政府や自治体が公言することにより、虐待しても児童相談所から警察には知らされないんだという理解が広まり、虐待親が「安心して」虐待を続けるおそれすらあります。

厚労省や東京都その他の児童相談所も虐待による外傷が認められる事案等

については警察と情報共有する方針であり（35頁参照）、これまでより大幅に多くの案件が警察と共有されることになります。警察との情報共有は親との信頼関係を損なうというのなら、このような方針は取れないはずで、「親との信頼関係を損なうので警察と情報共有できない」という説明は破綻しています。

―これを機会に虐待をやめようとする親も多いはず―

　しかも、警察との情報共有につき当初は嫌がるかもしれない親に対して、丁寧に「最近、東京都で児童相談所が案件を抱え込んで警察に連絡せず結愛ちゃんを救えなかったという事件はご存じだと思います。あの事件を教訓に、知事と警察の協定で虐待案件は警察と共有して対応することになりました。児童相談所、市町村、警察、学校その他の関係機関が連携して虐待を防ぐ取組みにしたのです。子どもを守るとともに、保護者の方にも関係機関が連携して幅広く支援していくことになりました」さらに、「イギリスでは「ワーキンク・トゥギャザー、関係機関がいっしょにがんばろう」という考え方で、児童相談所だけでなく警察を含めた関係機関が連携して、子どもを守り、保護者を支援する取組みを行っています。日本でも、高知県や愛知県、大阪府など既に多くの府県で取り組んでいます。当県でも行うこととしました」と説明すれば、親との信頼関係が損なわれるとは思いません。納得してそれを受け入れて、これを機会に虐待をやめようと前向きに受け止める親はかなりの数に上るのではないでしょうか。

　多くの方がお感じだと思いますが、「親との信頼関係が損なわれるから情報共有しない」との説明は、とってつけたような理屈、反対のための反対であり、本音は、他機関と一緒にやりたくないという排他的体質からくるものです。その上に、警察と情報共有すると「虐待親の中には文句を言う人がいるだろう、それは嫌だな」という保身があり、何とか情報共有を避けたいと

思っているのです。

「虐待は犯罪であり許されない。関係機関が連携して子どもを守り悩んでいる保護者を支援します」との方針とすることこそ、児童の安全確保と親への効果的な指導・支援が期待でき、虐待抑止に効果があるのです。反発する親が多数に上るとは考えにくく、仮にいるとしてもかかる姿勢で臨むことこそ虐待抑止には必要なのです。

―情報共有で子どもを救えるメリットを無にするな―

さらに、警察と情報共有するメリットは、既述のとおりで、そのことにより虐待されている子どもをこれまでより格段に救うことができ、かつ、虐待の抑止に効果が上がることです。

児童相談所だけならどうとでも対応できるが、警察に知られるとそうはいかない、下手をすれば逮捕されるかもしれないと悪質な犯罪行為を行っている親ほどは思うわけです。だからこそ、虐待を抑止し子どもを救うためには警察と情報共有して連携して対応するとともに、そのことを広く社会に周知する必要があるのです。

イギリスでは「虐待は犯罪であり絶対に許されない」という認識が社会に広く浸透しており、そのために児童相談所、警察その他の関係機関が情報共有の上連携して活動しています。虐待親が嫌がることをしないのではなく、子どもを虐待から守るために必要なことを関係機関が連携して全力を尽くしているのです。

先に述べたように、警察と情報共有して連携して活動するという方針を丁寧に説明すると理解する親は少なからずいるはずですし、そもそも高知県では全くそのようなクレームはなかったとされています。そんな親は日本全国でゼロだという証明はできませんが、仮に何人かいたとしても、情報共有の上連携して活動することにより守られる子どもたちの数は膨大な数に上り、

虐待の抑止も大変大きなものが期待されるのです。それを無にしてもいいほどの弊害であるわけがありません。比べることすらばかばかしい限りです。こんな理由で、情報共有により子どもを救うメリットを無にすることなどありえないことです。

【コラム】
「親との信頼関係」の強調は子どもを危険にさらす

　学校や幼稚園、保育園が虐待を把握しながら警察や児童相談所に通報すると親から抗議を受けるとおそれる気持ちはよく知られているところです。福島県作成の「保育従事者・教職員のための児童虐待対応の手引き」のQ&Aでは

　Q 保護者からのクレームや、怒鳴り込まれるのは困ります。
　他の保育所から、「児童相談所に虐待を通告したら、保育所が通告したことが親に伝わってしまい、父親が怒鳴り込んできて大変だった」と聞かされました。うちの保育所にも虐待が疑われる子がいますが、通告などしたら、同じ状況が予想される親で、職員はみな女性のため、怒鳴り込まれたら困るのですが。

という質問が掲載され、さらに、

　Q 保護者との信頼関係は損なえません。
　子どものお尻に新旧の小さな火傷を見つけました。その子の話では、母親が線香の火を押しつけるようなのです。でも、しつけへの熱心さのあまりの行為だと思いますし、園は保護者との信頼関係が一番大切と考えているので、そっとしておきたいのですが。

との質問が掲載されています。関係者にとっては切実な問題で、通報しない理由として「親との信頼関係」があげられるのが通常です（49頁の名古屋市の保育園の事件等）。

　警察と全件共有したくない、警察に通報したくない、親との信頼関係を損なうからと主張する東京都など多くの児童相談所もこの質問をしている保育園の先生と同じことを言っていることが分かります。親からクレームを受けたり怒鳴り込まれるのは嫌だという気持ちなのですが（このような本音につき23、48頁参照）、保育園の先生のように「保護者からのクレームや、怒鳴り込まれるのは困ります」と正直に言うわけにもいかず、もっともらしく、「親との信頼関係」云々にすり替えて、警察との情報共有を拒否する理由をつくろっているように感じます。既に10年前から全件共有を実施している高知県がそのようなことはないと言っているにもかかわらずです。

　「Q　保護者との信頼関係は損なえません」という質問への回答は、

　A　子どもの立場で考えましょう。
　<u>保護者との関係にばかり目を奪われていると、虐待している保護者と同じ目線になってしまい、傷ついている目の前の子どものことが見えなくなります。</u>児童虐待は、子どもの身体だけではなく、心にも消えない傷を残します。また、子どもの成長にさまざまな影響を与え、その次の世代にまで虐待が連鎖するほど、大きな影響を受ける子どももいます。（一部略）子どもの安全や健全な成長を最優先に考え、専門機関に通告しなければなりません。

と記載されています（下線は筆者）。素晴らしいガイドブックです。「親との信頼関係」を理由に案件を抱え込まないように保育所等に指導すべき児童相談所が同じ理由で案件を抱え込み、子どもを危険にさらすことは許されません。親からのクレームを避けたいという本音であるなら尚更です。

―暴力・いじめでも学校と警察の情報共有が必要―

虐待に限らず、児童生徒の暴力・いじめや非行に関しても、学校と警察との情報共有は極めて重要です（この問題については第2章で詳しく述べます）。

【事件17】 川崎市上村遼太君殺害事件
2015年2月、川崎市で中学1年の上村遼太君が交友のあった非行少年3人に殺害された事件。上村君は1カ月も不登校で、深夜徘徊し、非行少年グループから暴力を受けていたことか周りに知られ、担任の教諭は上村君の母親に30回以上電話等で連絡をしていたが、上村君には会えないままであった。学校は警察に全く連絡しなかった。

学校が警察に連絡し、警察と連携して対応していれば上村君が殺害されなかった可能性はかなり高かったと考えられます。上村くんが殺害される9日前に上村君を殺害した加害少年と対立する非行少年との間でトラブルがあり、110番通報を受けた警察官は加害少年と接触し、上村くんとも電話で話をしていたのです。しかし、学校から警察に対して上村くんに関する情報が提供されていませんでしたから、警察官は通常の喧嘩として、その場で仲裁してそのままにしてしまいました。もし、上村くんの情報が学校と警察とで共有され、深刻な事案であると警察が認識することができれば、上村くんや加害少年を含む非行少年グループに補導その他の適切な措置を講じることにより、上村くんが殺害されることを防止することができた可能性が高いのです。

この問題については教育関係者からも「問題は学校の抱え込み体質。多くの学校は外部の介入に強い抵抗感を持つ傾向がある」旨指摘されており（喜多明人早大教授のコメント・2015年5月13日毎日新聞）、学校も児童相談所

と同様他機関排除の体質が強く認められます。

　本事件を受け、事件直後の2015年3月、私どもシンクキッズから、川崎市、神奈川県警察に学校、児童相談所と警察との情報共有と連携しての活動を求める要望書を提出したところ、川崎市教育委員会は学校で把握している不登校などの情報を警察に提供する制度を同年11月から開始され、再発防止に取り組むこととされました。

―不登校事案でも凄惨な虐待・監禁が行われていることも少なくない―

　不登校とされる事案の中に親による虐待・監禁による命の危険のあるものは少なくありません。

【事件18】大阪府寝屋川市20数年女児衰弱死事件
　2018年1月、大阪府寝屋川市で小学6年の女児が両親から家を出されないまま、20数年間家に監禁されていた女性が衰弱死させられた事件。小学6年生の途中から不登校となり中学校はすべて不登校となりながら、学校も行政も女児の安全を確認をしていなかった。

【事件19】大阪府岸和田市　中学生、監禁・餓死寸前事件
　2004年1月、大阪府岸和田市で当時15歳の中学生の男子が、父親と同居の女性から食事を与えられず餓死寸前で救出されたが、重度の知能障害、身体障害が残った事件。中学校を2002年10月から不登校になったことから、担任教師が家庭訪問をしたが、父親らから面会拒否。児童相談所に2回相談したが、児童相談所は何の対応もとらなかった。

　同居する親が会わせようとしない状況が1年以上も続いているのに、学校はただ家庭訪問を繰り返すのみで、児童相談所に至っては、何もせず警察にも連絡しなかった。

【事件20】　福岡市18年間少女監禁事件

　福岡市で、少女が18歳になるまで18年間も母親に家に監禁され、小学校も中学校も一日も通うことができなかったが、2005年10月、自力で逃げ出しコンビニに助けを求め警察に保護された事件。少女は手や足を縛られたり、食事も与えられないこともあり、風呂も5カ月に1回しか入らせてもらえなかった。学校の教員は把握しており家庭訪問していたが母親に面会を拒否され、児童相談所に通告していた。児童相談所職員も家庭訪問はしたが、同様に母親から面会拒否され、警察に通報もせず、そのまま放置していた。

　事件19と事件20は学校と児童相談所は親に面会を拒否されながら、警察に通報もせず放置していました。親が面会を拒否することは、子どもの命に重大な危険が生じているであり、直ちに警察に通報するべきでした。事件18は学校がどのように対応したか不明ということですが、親が何か不適切な対応をしているなと感じながらもそれでも何も言わないという学校現場の雰囲気を感じざるを得ません。

―所在不明・未就学・未受診児の放置―

【事件21】神奈川県厚木市理玖ちゃん餓死事件

　2006年10月ごろから翌年の1月ごろの間、当時5歳の理玖ちゃんが、父親からアパートに置き去りにされ餓死した事件。理玖ちゃんは3歳当時の2004年10月、午前4時半に紙おむつに裸足で路上にいたところを警察官が保護し、児童相談所に引き渡されていた。その後、乳幼児健診も受診せず、就学年齢となりながら小学校に入学しないなど、虐待ないしは命の危険が危惧される所在不明児童でありながら、市・市教委、警察、児童相談所のどの機関も10年の長きにわたりほったらかしにし、所在調査をしなかった。2014年5月にようやく警察がアパートを捜索し理玖ちゃんの白骨死体を発

見、父親を逮捕した。遺体発見時、生きていれば理玖ちゃんは13歳で、中学1年生になっていたはずであった。

【事件22】横浜市あいりちゃん、所在不明・虐待死事件

　2013年4月、前年7月に母親と元交際相手の男が、あいりちゃん（当時6歳）を暴行により虐待死させ、横浜市磯子区の雑木林に遺棄した事件。本事件は、あいりちゃんが4月初め、小学校1年生の年齢に達したにもかかわらず、当時住民票があった千葉県松戸市の小学校に入学せず、その後まもなく転入した神奈川県秦野市でも就学していなかった事案である。7月3日横浜市の南警察署に110番通報があり、警察官が現場に赴いたところ、妹が屋外で裸足で泣いていたため、妹について横浜市中央児童相談所に通告。13日、横浜市児童相談所が母親と妹の居住先を訪問するもあいりちゃんとは会えなかったにもかかわらず、警察に連絡せず、家庭訪問もしないまま、あいりちゃんは同月22日頃に殺害された。

　小学校就学年齢でありながら就学しない、あるいは乳幼児健診未受診であるという子どもというだけで、ネグレクトの疑いが極めて高い上、さらに、所在が明らかでないということであれば、生命の危険までかなり懸念されます。しかし、こういうケースを把握しても、学校や教育委員会が真面目に探さない、同じ市役所内ですら情報共有しない、他の市町村には連絡しない、警察にも捜索依頼しない、さらには、警察が相談を受けても探そうとしないという事態が起こっています。

　根本的には、市町村、児童相談所、警察が、子どもに冷淡という一言でつきるのですが、これらの機関には、個人情報保護を言い訳とし、あるいは組織の縦割り、捜査偏重主義から、余計な仕事はやらないよ、という意識が強くみられ、次のような発言が報じられています。

- 「虐待と正確に判断できない時点では、他機関と情報共有できない」
- 「個人情報との兼ね合いもあり他の自治体に提供できる情報には限りがある」
- 「児童相談所に情報が来るのは周囲が虐待を疑った段階。それまでは打つ手がない」
- 「行政が所在をつかめなくなったとしても、事件性があるという確証がなければ捜査は始められない」

　法律上、学校・市町村、児童相談所、警察のいずれにも、所在不明児童を調査し、発見活動を行い、保護しなければならないという規定はありません。法律に規定はなくとも、子どもが危険な状況に置かれている可能性がかなり高いことは容易に分かるはずです。現在、文部科学省や厚生労働省からの通知は出されているのですが、強制力がないため、上記のように個人情報保護・守秘義務を言い訳として、同一市町村の部局内、異なる市町村間で情報の共有が行われず、十分な調査がなされず、警察にも捜索要請がなされず、なされた場合でも警察がそれに応じないケースすらある、という実態です。
　また、調査するにしても市町村や警察に調査権限がなく、さらに、所在不明児童に関する全国的な情報システムもないため、調査・把握が困難という実態にあります

―住民票を残して転居したら早速分からなくなる、全国データベースの整備が必要―

【事件23】群馬県館林市・栃木県足利市2歳児虐待死事件
　2015年5月、栃木県足利市で2歳の男児が父親から殴り殺された事件。この家庭は、前年12月まで群馬県館林市に住み、児童相談所や市、警察が把握していたが、住民票を移さず転居し所在が分からなくなり、転居先であっ

第1章　家庭で虐待に遭う

た足利市を管轄する児童相談所は把握できていなかった。しかし、群馬県の児童相談所には母親が足利市にいるらしいという情報が入っていたにもかかわらず、児童相談所は足利市を管轄する児童相談所にも警察にも連絡しなかった。警察には殺害された当日の朝に近隣住民から110番があり、警察官が臨場したが、虐待の兆候はなかったとしてそのまま帰っていた。

　虐待家庭が住民票を残したまま転居し場合には、たちまち子どもは保護される対象から抜け落ちてしまいます。現在、児童相談所はこのような場合他の児童相談所のFAXで通知するのみです。警察に連絡もしないところがほとんどです。こんなことで探せるわけがありません。まずは、直ちに調査能力のある警察に連絡して、警察が所在調査することが必要です。しかし、転居先について手がかりがない場合には警察の調査でも所在を判明することは困難なのが現実です。
　そこで、子どもを抱えた親が立ち寄ることが多いと思われる全国の自治体の窓口、保健所、福祉事務所、病院などに手配し、立ち寄った場合には児童相談所や警察に連絡し、子どもの保護に当たることができるような全国的なシステムの整備が必要です。具体的には、全国データベースを整備して、虐待が懸念される子どもが所在不明になった場合に、全国の自治体、保健所、福祉事務所、警察、病院等関係機関がチェックし、子どもの所在と安否を確認することができるシステムを整備することが必要です。
　このようなシステムが整備されていれば、本事件や名古屋市に住民票を残したまま大阪市に転居し、児童相談所や警察が把握できなくなってしまい、子どもを救うことができなかった［事件12 大阪市西区桜子ちゃん楓ちゃん、マンション放置餓死事件］は防止できていた可能性があるのです。住民票を残したまま転居してしまうケースはかなりの数に上ります。全国データベースを整備すれば、虐待家庭が住民票を残して転居した場合でも、転居先、立ち回り先で関係機関が把握することができ、子どもを発見・保護することが

できる可能性が高くなるのです。

【事件24】埼玉県川口市被虐待少年による祖父母殺害事件

　母親に各地を転々と連れ回され、学校も通えず、ラブホテル住まいや公園での野宿なども強いられていた当時17歳の少年が、母親から「祖父母を殺してでも金を借りてこい」と言われ、2017年3月、川口市で祖父母を殺害した事件（懲役15年確定）。この家族について何度も児童相談所は把握していたが、少年を一時保護せず。少年は野宿している際に度々警察官に職務質問されていたと報じられている（2016年8月29日読売新聞）。

　本来被害者であるこの少年が、殺人を犯してしまい、懲役15年の判決を受けることになった本事件は、母親に第一義的な責任があることは明らかですが、自治体・学校・児童相談所・警察等の関係機関が所在不明児童（あるいは被虐待児）について情報共有もせず、何度も少年を保護する機会を生かさなかったことに大きな責任があります。

　私どもの求めるように、被虐待児・所在不明児童に関する情報共有を自治体・警察・児童相談所に法律で義務付けた上、所在不明児童の調査を積極的に行っていれば、この少年は保護され、このような悲惨な事件は起こらなかったはずです。少年は公園にいるときに警察官に職務質問されたと言います。もし、自治体・児童相談所・警察の間で、所在不明児童や被虐待児に関する情報が共有されていれば、警察官が職務質問した際に、警察官は本部通信指令室に照会し、照会された本部から当該児童は所在不明児童（ないしは被虐待児）である旨が警察官に伝えられますから、警察官はこの少年を緊急に保護することができました。ところが、現在は、所在不明児童や被虐待児について、警察と児童相談所・市町村の間で情報共有されていないので、現場で活動する警察官が少年の置かれている危険な状況を認識することができず、せっかく保護できる機会をみすみす逃しているのが実情です。

また、このような家庭（子ども）は、各地を流浪することも珍しくありませんので、このような劣悪な環境に置かれている子どもを保護するためにも、全国データベースの整備が必要となってきます。

―危険な状態にありながら一時保護をしない、一時保護しながら危険な家庭に戻してしまう―

【事件25】千葉県柏市蒼志ちゃん餓死事件
　2011年5月、当時2歳の蒼志ちゃんが、両親から食事を与えられず餓死させられた事件。柏市は妊娠中から重篤なネグレクトの疑いありとして、市職員が家庭訪問したが父親が威嚇的な言動で子どもとの面会を拒否したことから、児童相談所に送致し、介入措置を求めた。児童相談所は、父親が前妻との間の子について虐待による一時保護のかかわりがあったにもかかわらず、1回の家庭訪問で安全と判断。児童相談所は一時保護せず、その後全く家庭訪問せず、本案件を市に送致・移管した。その後も、市職員は家庭訪問するも子どもに面会できなかった。蒼志ちゃんの体内からは、飲み込んだ紙切れやプラスチック片が見つかった。

　柏市の保健担当部局は危機感を抱き、児童相談所に介入措置を求め、緊急会議の開催も求めましたが、児童相談所は応じず、家庭訪問による安否確認も一時保護も行っていませんでした。柏市の保健部局が会議を求めたのに対し、児童相談所はそのような求めは虐待対応部局から行えと回答する始末でした（「柏市における児童死亡事例の検証結果報告書」（2012年4月））。

【事件26】広島県府中町唯真さん虐待死事件
　2012年10月、当時小学5年生の唯真さんが、母親からゴルフクラブで殴られ、撲殺された事件。唯真さんは、虐待を受け二度も保護され、児童養

護施設に入所していたが、2011年3月、母親から自宅に戻してほしいという要望を受け、児童相談所は保護措置を解除し、母親の元に戻してしまった。その際、児童相談所は母子が暮らす府中町に「終結した」と電話で伝えただけで、文書で引き継がず、町の担当者も重大な事案ではないと放置。児童相談所も町も、事件が起こるまで、唯真さんの安全確認、母親への指導支援など一切フォローしていなかった。

事件発生後、児童相談所の所長は、「家庭復帰後の見守りをしなかったことも、厚生労働省の指針通りの対応をしていないとしかいいようがない。ただ、慎重に観察した結果であろうから、当時の判断に間違いはない」と発言したと報じられています（2012年10月7日朝日新聞）。

【事件27】北海道登別市　みさとさん虐待死事件

2012年6月、中学校特別支援学級に在学していたみさとさんが、母親の同居男性に暴行を受け殺害された事件。児童相談所は、知的障害者施設に入所していたみさとさんを、母親から家に戻したいという要望を受け、自宅には母親の同居男性がいること、男性は母親に対してDV加害歴があることなどを把握しながら、自宅に戻ることを認め、その後も安全確認をしていなかった。児童相談所が安易に危険な保護者・同居者にみさとさんを引き渡さなければ、殺害されることは防げた。

［事件5千葉県市原市賢大ちゃん事件］、［事件27北海道登別市みさとさん事件］では、児童相談所は覚せい剤を使用している父親、DV歴のある同居人のいる家に子どもを戻しています。児童相談所が不十分な調査で子どもを危険な親、同居人のいる家に戻す判断をし、子どもを死に至らしめています。一時保護を解除して家に戻すかどうかの判断に当たっては、親や同居人の素行も含めての綿密な調査が必要不可欠なのですから、調査能力のある警

察に連絡して、その意見を聴くべきでした。

また、[事件26　広島県府中町唯真さん事件]では、児童相談所は保護措置を解除し、子どもを家に戻した後、一切家庭訪問もせず、子どもの安否確認もせず、虐待死に至らしめています。保護措置を解除した後は可能な限り頻繁に家庭訪問して子どもの安否を確認し、丁寧に親への指導支援を行い、虐待を続かせないことが必要です。そのためには、人員不足の児童相談所だけでなく、市町村、警察と連携して行わなければ、子どもの安全は確保できません。

さらに、[事件5千葉県市原市賢大ちゃん事件]では、前に述べたとおり、乳児が腕を骨折させられているのに警察に連絡しなかったことが最大の問題ですが、その後児童相談所は条件を付けて一時保護を解除しています。そして、条件が守られず、父親に殺害されてしまいました。児童相談所が危険な状況であるにもかかわらず、条件を付して家に戻したのがそもそも間違いなのですが、その条件が守られているかどうかの確認をせず、ほったらかしにして、殺害されるに至らしめています。条件を付けて一時保護を解除する措置を講じる場合には、子どもを守るためには親が条件を守っているか常時確認することが前提です。児童相談所にそのようなことを調査し、確認する能力や体制は到底ありません。このような条件を付けて家に戻すのであれば、条件が守られているか、警察に調査・確認を依頼しなければ子どもの安全を確保することができないことは自明です（同様の事件として2004年9月栃木県小山市4歳児・3歳児兄弟殺害事件があります）。

―法律で一時保護及びその解除の基準の策定が必要―

上記の事件から明らかなように、児童相談所は子どもの安全よりも親の言いなりになる傾向が強く、医師の専門的な見解に従わない、通告した市町村、病院、保育所の懸念を無視するなど独善的な傾向が顕著です。その結果、児

童相談所が虐待する危険な親から子どもを一時保護しない、過去に虐待歴、ＤＶ歴がある、精神疾患がある、暴力的な男と同居しているなど、同居することが危険な親に安易に引き渡してしまう、ということは非常によく見受けられ、そのために子どもが虐待死させられてしまうという事案がいつまでたっても後を絶ちません。私のところにも、児童相談所に通告したが一時保護せず心配だという相談が病院や学校関係者から寄せられています。

　以上のような事件を繰り返さないためには、児童相談所に一時保護に関し裁量に委ねている現状を改め、法律上一時保護の基準を設け、子どもに危険があると認められる場合には、児童相談所は、親が虐待を否定しようが、親が一時保護に反対しようが、毅然と一時保護するという運用をさせなければなりません。

　また、児童相談所が一時保護を解除する前には、警察の意見を聴くとともに、市町村、警察とともに、家に戻った後の子どもの安全確保計画を策定し、連携して家庭訪問し、子どもの安否確認と親への指導支援を頻繁に行うべきことを法律で義務付けることが必要です。

　このまま、児童相談所の裁量に任せておけば、親の言うがままに、必要な一時保護をせず、戻してはいけない危険な家庭に戻しては、みすみす殺されるという事件がいつまでたっても続くことは明らかです。

―他の専門職種を排除する閉鎖的体質が根本の原因―

　以上のとおり、児童相談所と警察の情報共有は子どもを守るために必要不可欠ですが、多くの児童相談所はいつまでも警察との情報共有を拒否したままです。その背景には、児童相談所の他組織、他の専門職種、警察のみならず、医師、市町村等の関与を嫌う体質があります。
　医師の虐待の疑いが強いので一時保護すべきという意見を無視して、一時

保護せず死に至らしめた事件として次のものがあります。

【事件28】大阪府岬町景介ちゃん死亡事件

2007年12月に、右足骨折した乳児について骨折の原因が不明として虐待の通告があり、児童相談所の職員が父母と面接を実施。検討会議で虐待と事故の双方の可能性があるとして、調査の実施と見守りを行う方針とした。その1カ月後の2008年1月に、病院から景介ちゃんが頭部骨折で入院しているが原因不明であるとして二度目の虐待通告がなされた。診断に当たった医師は虐待が疑われるから一時保護すべきと児童相談所に伝えたが、児童相談所は対応会議で「原因の特定に至らないから」として一時保護せず。その2週間後に景介ちゃんは自宅で死に至らしめられた。

【事件29】愛知県豊橋市望玲愛ちゃん、紅玲愛ちゃん虐待死事件

2012年2月、病院に入院していた双子の乳児の紅玲愛ちゃん（姉）が、病室で父親が一人で看護中硬膜下血腫という傷害を負い、医師が虐待の疑いが高いと通告し警察も一時保護を勧めたが、児童相談所は双子の妹である望玲愛ちゃんを一時保護せず自宅に戻し、その5カ月後に望玲愛ちゃんが虐待死させられ、姉の紅玲愛ちゃんも2013年7月入院したまま病院で死亡した。

また、2014年6月の佐世保市の女子高生による同級生殺害事件で、児童相談所は事件発生直前にあった精神科医からの「人を殺しかねない子どもがいる」との相談を、自ら対応するわけでもなく、他機関に連絡もせず放置していました。

私も、乳児が脳内出血で病院に運び込まれた事案で、病院が父親の虐待に間違いないと児童相談所に通報したにもかかわらず、いつまでも一時保護しないことを懸念した病院から相談を受け、児童相談所に強く一時保護を申し入れたことがあります。なぜ専門家である医師の意見をここまで無視できる

のでしょうか。

　市町村の職員に対してもそうです。［事件25 千葉県柏市蒼志ちゃん事件］でも、柏市の保健所の方が危機感をもって検討会を開くようとの依頼を門前払いし、必要な検討すらせずみすみす虐待死に至らしめています。

　児童相談所には他機関排除の体質が染みついているとしか言いようがありません。児童相談所のこのような他組織、他の専門職種の意見を尊重しない、連携しようとしない、情報共有すら拒否する体質と子どもを守るためそれを改めるよう指示しない知事・市長等の子どもよりも役人の側にに立つ政治家の対応が、わが国社会がいつまでも子どもを虐待から守れない、根本的な原因と考えます。

──子どもを守るためでなく親のための「福祉的対応」──

　児童相談所の職員は、自分たちを「福祉職」であり、虐待問題には「福祉的対応」が必要といいます。私はある府県の担当者から「虐待は福祉的に対応すべきで、福祉職は警察と連携してはいけないんです。だから警察と情報共有もしません」と言われたことがあります。拒否する正当な理由がないので、無茶苦茶な屁理屈をこじつけるんだなとあきれる思いでした。「福祉的対応」という用語からは子どもを優しく守るという意味かなとイメージしてしまいますが、彼らの虐待案件への対応を見ていると彼らの言う「福祉的対応」というのは、子どもを守るということが最優先ではないことが明らかです。「1回や2回の家庭訪問でほとんどの案件で虐待なし、緊急性低いと判断する」、「傷があっても子どもが訴えても親が否定すれば虐待ではないと判断する」、「面会拒否されても親との信頼関係優先してほったらかしにする」、「もちろん警察には連絡しない」という彼らの対応をみると、「福祉的対応」とは「子どもを危険にさらしてまで親の側に立つ。それに異議を唱えそうな他機関を排除して案件を抱え込む」ということでしかありません。

▼

第1章　家庭で虐待に遭う

　多くの児童相談所の虐待親への対応は、子どもに暴力をふるっても、性虐待をしても、あなたが否定するのなら虐待ではないと判断します、警察にはあなたのことは知らせません、医師が虐待であると指摘しても「虐待とは判断できない」としておきます、というもので、このような「福祉的対応」とは、虐待されている子どもの命を守ることではなく、ひたすら虐待親におもねる対応としかなっていません。

　彼らには、子どもの命を守るにはどういう態勢で、どう対応するのがベストかという発想がありません。児童相談所と警察等関係機関が情報共有して連携して対応して子どもを守るというアメリカやイギリス、高知県、大分県のような先進県にならう気もありません。彼らのように「福祉的対応」を金科玉条としない他機関の関与をできる限り排除し、自分たちだけで対応することに固執するのみです。それを正当化するフレーズが「虐待には福祉的対応が必要」というものです。

　彼らは「福祉機関」たる児童相談所が虐待を知りながら、他機関との連携の必要なしと判断したのであれば、案件を抱え込み他機関と連携することなく放置し、虐待が継続・エスカレートし、最悪虐待死に至っても、それは正しい「福祉的対応」の結果であり問題ないと正当化されてしまっているのです。

　［事件26 広島県府中町唯真さん事件］における児童相談所長の一時保護を解除して警察等と連携もせず、安全確認もせず放置して、子どもが虐待死させられても「当時の判断に間違いはない」というコメントは、このような考えのなせるわざで、この所長に特別のものではありません。［事件5 千葉県市原市賢大ちゃん事件］における児童相談所職員の「やるだけのことはやった」との発言も同様です。彼らには警察等他機関と連携すれば子どもを救えたのではとは思いもつかないのです。

　児童相談所が他組織、専門職種を排除して、実践する「福祉的対応」の結果は、子どもを虐待から守ることに成果を上げているのではなく、虐待親を

守り、累々とした子どもの虐待死をもたらしているのです。

　唯我独尊、他機関とは連携せず自分たちだけが対応するのが正しくて、警察と情報共有すらせず虐待死させる事件がどれだけ続いても「結果は関係ない。とにかく警察と連携してはいけないんだ。「福祉的対応」とはそういうものだ。警察と連携せず子どもを救うことができなくとも、それは「福祉的対応」の結果であり問題ない。イギリスやアメリカ、高知県や大分県で警察との連携をやっていようがそんなもの見習う必要はない」と考えているしか思えません。子どもを救えたはずの事件を引き起こしても反省もせず、再発防止策も講じず、先進的な取組みを学ぶ気もありません。あまりに無責任で、子どもを守る組織としてありえない対応と言わざるを得ません。

　子どもを虐待から救い、守るためには、多くの児童相談所のこのような子どもを危険にさらしてまで親の側に立ち、案件を抱え込む「福祉的対応」を直ちにやめさせ、子どもの命を守ることを最優先とする対応に改めさせなければなりません。そのためにも、児童相談所の案件抱え込みをやめさせ（案件抱え込みが彼らの「福祉的対応」を可能にしているのです）、警察、市町村、病院、学校等関係機関と情報共有の上連携してベストを尽くして子どもを守る活動をするしかありません。彼らに「案件抱え込み」を続けさせればいつまでも救えるはずの子どもたちの命を救うことができないのです。

　児童相談所と警察との連携が進んでいるイギリスでは、圧倒的多数のソーシャルワーカ及びその他の専門職は、児童虐待防止制度における警察の役割を高く評価しているとされ、それには、経験とトレーニングの積み重ねによって、警察との信頼関係が形成され、連携に際して予想される様々な問題点が克服されているからではないかと指摘されています（峯本耕治「子どもを虐待から守る制度と介入手法　イギリス児童虐待防止制度から見た日本の課題」145頁、146頁）。日本でも、子どもを守るという圧倒的に重大な目的のために、他機関を排除するのではなく、互いに互いを理解し、敬意を表し、信頼関係を構築する努力を積み重ねていけば、児童相談所と警察が連携でき

ないはずがありません（「Working Together―関係機関が連携してがんばろうガイドライン」82頁参照）。既に全件共有を実施している10府県を除く自治体の児童相談所が、警察を含めた他の専門職種を理解し、信頼関係を構築するために第一歩を踏み出すこと、それが子どもを守るための最大の課題となっています。

2 子ども虐待死ゼロを目指す法改正を求める活動について

　以上の問題を踏まえ、子どもの命を守るために緊急に必要な対策は、関係機関の情報共有と連携しての対応であることは明らかです。
　そこで、私どもNPO法人シンクキッズでは、2014年8月から日本ユニセフ協会、全国犯罪被害者の会（あすの会）を共同呼びかけ人として署名活動を実施し、法改正を求める要望書を3度発出し、35,000名の署名を安倍総理大臣宛に提出しております。

●法改正の目的と概要
（目的）
　虐待死させられる子どもゼロ、虐待される子どもの大幅減少と虐待された子どもが前向きに生きていくことができる社会の実現
（概要）
1 児童相談所・警察等の虐待案件の情報共有と連携した活動の義務付け
2 学校・警察・児童相談所が連携し所在不明・不登校等の児童の保護の義務付け
3 児童相談所の一時保護の基準を法律に明記し、その適正化を図る
4 予期せぬ妊娠等子育て困難な妊産婦を医師が市町村に通報する制度の整備
5 虐待を受けた子どもへの精神的な治療・カウンセリングの無償実施

「子ども虐待死ゼロを目指す法改正を求める署名活動」主な賛同者の方々

【医師・病院関係】

日本医師会、日本産婦人科医会、日本小児科学会、　聖路加国際病院、山田記念病院、東京都看護協会、日本精神科看護協会、救急ヘリ病院ネットワーク、辻野クリニック、つがわ歯科・矯正歯科、関口医院、千船病院

【学校・施設・行政関係】

全日本私立幼稚園連合会、岩城正光名古屋市副市長、成光学園　全日本教職員組合連合会、東京都小学校PTA協議会

【企業経営者】

後藤高志（西武HD社長）、安部修仁（吉野家HD会長）、　鎌田伸一郎（セントラル警備保障社長）、嘉納毅人（菊正宗酒造社長）、堀義人（グロービス経営大学院学長）、坂野尚子（ノンストレス社長）、秋田正紀（松屋社長）、五十嵐素一（白洋舎社長）、岡本毅（岡本硝子社長）、菊池廣之（極東証券会長）、福田孝太郎（フクダ電子会長）、迫本淳一（松竹社長）、古賀信行（野村HD会長）、清野智（JR東日本会長）、伊藤雄二郎（三井住友銀行副頭取）、岡部俊胤（みずほフィナンシャルグループ副社長）、大野剛義(治コンサルタント社長)、柘植康英（JR東海社長）、三浦惺（NTT会長）、佐藤茂雄（京阪電鉄最高顧問）、佐々木隆之（JR西日本会長）

【ジャーナリスト】

櫻井よしこ、細川珠生、門田隆将、大宅映子

【弁護士・公認会計士】

岡村勲、迫本栄二、國廣正、芝昭彦、深澤直之、今井健夫、南賢一、河端雄太郎、大澤寿道、川本瑞紀、田中俊平、森口聡、石川正

【その他】

ひょうご被害者支援センター、山下泰裕（全柔連副会長）、近石康弘（全

柔連専務理事)、牛尾奈緒美（明治大学教授)、四方修、神崎邦子、かづきれいこ、島田妙子、慎泰俊（リビング・ピース代表理事)、矢満田篤二（元児童福祉士（愛知県)、社会福祉士)、萬屋育子（元愛知県刈谷児童相談所所長）（肩書は当時。敬称略）

―求めている法改正案の概要―

要望している法改正案の概要は次のとおりです。

⑴児童相談所、市町村、警察が情報共有の上連携して虐待されている子どもを保護できるようにする

①児童相談所、市町村、警察は、虐待家庭に関する情報を共有するとともに、虐待を受けながら在宅で親と暮らしている子どもについて、連携して危険度に応じて計画を立て、定期的に家庭を訪問し、子どもの安否を目視で確認するとともに、親から困りごと相談に応じるなど必要な子育て支援を行うものとする。

②児童相談所、市町村は、虐待家庭が転居して所在不明となった場合、虐待通告を受けた家庭の所在を把握できない場合、親に調査を拒まれた場合で子どもの生命・身体に重大な危険があると認められる場合には、直ちに警察に通報し、連携して子どもの発見・保護に当たるものとする。

③警察は、110番や児童相談所からの通報等により家庭や病院に急行し、虐待を受けているおそれのある子どもを発見し、そのまま放置すれば生命・身体に重大な危険があると認められる場合には、緊急に子どもを保護し、その身柄を速やかに児童相談所に預けるものとする。保護の継続・解除は児童相談所が判断するものとする。

④国は、虐待家庭が転居した場合でも転居先の市町村、児童相談所、警察、病院が子どもへの危害を防止し、親に必要な支援をすることができるよう、

全国データベースを整備することとする。

(2) 市町村、児童相談所と警察が連携して所在不明児童を発見し、保護することができるようにする

① 市町村は、所在不明の就学年齢でありながら未就学の児童、健康診査未受診乳幼児について、関係部局間及び転出先の市町村、児童相談所との間で必要な情報提供をし、システムの整備を含め情報共有を行うとともに、これらの子どもの所在を調査し、その安全を目視で確認しなければならないこととする。なお、ＤＶからの避難等の場合には必要な情報漏えい防止措置を講ずる。

② 市町村、児童相談所は、前項の活動を行ったにもかかわらず子どもの所在又は安全を確認できない場合には速やかに警察に保護を要請するものとし、警察は直ちに子どもの捜索を行わなければならないこととする。

③ 自治体、郵便局、電話会社等の関係機関は、市町村、児童相談所、警察から所在不明の子どもの発見・捜索のため、親の転居先、関係者の住所、電話の通話先、携帯電話の位置情報等子どもの所在の発見に資する情報の提供の要請を受けた場合には、これらの情報を提供することとする。

(3) 児童相談所が一時保護を子どもの命を最優先として行う

① 児童相談所は、一時保護、施設入所及びそれらの解除の判断に当たっては、子どもの安全を最優先とし、特に親に虐待歴やＤＶ歴、精神疾患がある場合、調査拒否された場合、暴力的な男と同居している場合など虐待の継続が懸念される合理的な理由が認められる場合には、（家族再統合の理念にとらわれることなく）子どもの安全確保に最大限配慮しなければならない。また、親に引き渡す場合には、警察、市町村の協力を得て、定期的な子どもの安否確認、親への指導など子どもの安全確保の計画を事前に策定し、引き渡し後も継続的に子どもの安否確認と親への指導・支援を行わなけれ

ばならない。
②児童相談所は、医師から虐待の疑いが強いとの見解を得た場合には原則としてその見解に従うものとし、保育所、幼稚園、学校、病院、市町村から保護に関する意見を受けた場合にはその意見を尊重するものとする。

(4)妊娠中・出産直後から子育て支援が必要と思われる妊産婦等を支援する
①医師は、予期せぬ妊娠、妊婦健診未受診等子育て困難と思われる妊産婦を認めた場合には市町村・保健所又は児童相談所に連絡するよう努めるものとする。
②市町村は、乳幼児健康診査未受診の子どもの親に対して受診を勧奨することとし、それにもかかわらず受診させない場合には児童相談所に通告するものとする。
③市町村・保健所は、第1項及び第2項の妊産婦、親その他子育て支援が必要と認められる者に対して必要な子育て支援を行うものとし、児童相談所は要請に応じて養子縁組あっせんを含め必要な援助を行うものとする。

　以上の4点が、子ども虐待死ゼロ、虐待の継続・エスカレートを阻止・軽減するために必要な事項です。しかし、それだけでは、虐待を受けた子どもは何とか生き延びることができる、と言うことに過ぎません。虐待を生きのびた場合でも、虐待により受けた心の傷により、特に思春期以降様々な問題を抱え、苦難の人生を生きることになることが少なくありません。虐待を生き延びた子どもが、前向きに生きていくことができるようにしなければ、子どもを虐待から救ったとはいえないのです。
　そこで、虐待を受けた子どもの心の傷に対して、専門的な治療やカウンセリングを無償で実施する制度を創設することが必要です。その規定が次の(5)です。

(5) 虐待を受けた子どもが精神的な治療を受けることができるようにする

　国は、性虐待その他の重度の虐待を受けた子どもが無償で精神的な治療を受けることができる制度を整備することとする。

―取組み状況とこれまでの成果―

　私どもの要望活動を受け、首相官邸に2014年8月、「関係省庁児童虐待防止副大臣会議」が、同年9月に厚生労働省に児童虐待防止対策のあり方に関する専門委員会が設置され、私がいずれの会議にも出席し、法改正を求める意見を述べました。安倍総理大臣への署名の提出と併せて、厚生労働省、警察庁の幹部と何度も面会し、法改正案を国会に提出するよう強く要望いたしました。

　その結果、2016年5月に成立した児童福祉法改正で次の条項が新設されました。私どもの要望の（4）「妊娠中、出産直後から子育て支援が必要な妊産婦を支援する」の一部は受け入れられました。

　第21条の10の5　児童福祉法第6条の3第5項に規定する要支援児童等（支援を要する妊婦、児童及びその保護者）と思われる者を把握した病院、診療所、児童福祉施設、学校その他児童又は妊産婦の医療、福祉又は教育に関する機関及び医師、看護師、児童福祉施設の職員、学校の教職員その他児童又は妊産婦の医療、福祉又は教育に関連する職務に従事する者は、その旨を市町村に情報提供するよう努めることとする。
　2　刑法の秘密漏示罪の規定その他の守秘義務に関する法律の規定は、こうした情報提供を妨げるものと解釈してはならない。

　他の要望項目は実現しませんでしたが、2016年5月、参議院厚生労働委員会で次のような附帯決議が全会一致でなされました。

児童虐待は刑事事件に発展する危険性を有しており、児童相談所と警察等関係機関が連携した対応を行うことが重要であることから、児童虐待案件に関する情報が漏れなく確実に共有されるよう必要な検討を行うとともに、より緊密かつ的確な情報共有が可能となるよう児童相談所の体制の強化についても検討すること。

　その後、2017年2月、2度目となる法改正を求める要望書を、上記（1）「児童相談所と市町村、警察の情報共有」の実現に絞り、安倍総理大臣あてに提出しましたが、やはり受け入れられませんでした。ただし、同年5月、衆議院厚生労働委員会で次のとおり附帯決議がつけられました。

　児童虐待対応が必要な家庭に関する情報について、児童相談所と警察や医療機関等が全件共有できるよう必要な検討を行うとともに、転居時の対応や今後の政策立案にも活用すること。

　さらに、2018年6月には、3度目となる全件共有等の法改正を求める要望書を安倍総理大臣あてに提出しましたが、またもや受け入れられませんでした。

―都道府県・政令指定市への要望活動―

　引き続き国への働きかけは続けていますが、法改正を待つ余裕はありません。国が法改正を行わない間も、本来救えるはずの命が救うことができなかった虐待死事件は繰り返されています。そこで、私たちは、法改正が実現するまでの間、都道府県・政令指定市レベルでの児童相談所と警察等関係機関の情報共有と連携しての活動を行うよう、知事、市長、警察本部長等に働きかけを行っています。

最初に、2015年2月、前年末に高知県の尾崎知事と子ども虐待防止に関して意見交換をし、児童相談所と警察との情報共有と連携しての活動を実現するために、県の担当部課長、児童相談所所長、県警の担当部課長との協議の場を設けていただきました。既に高知県では児童相談所から警察に対して情報提供がなされているため、連携しての活動について助言させていただきました。

　ちなみに、高知県では、毎月、教育委員会、警察本部、高知市と連携のための会議を開き、県市双方が前月に把握した虐待案件について、その内容を記載した資料を配布して説明し、情報共有を実現しています。これにより、教育委員会、警察、高知市は虐待案件を把握し、連携して、あるいはそれぞれの立場で的確に対応ができることになっています。

　高知県のこの取組みは、2008年2月に南国市で小学5年男児が同居男性に殺害された事件において、児童相談所をはじめ多くの機関がかかわりながら子どもの命を救えなかったことを教訓に開始されたものです。高知県では、救えるはずの命を救うことができなかった事件を教訓に再発防止策を講じています。これ以降の自治体への働きかけの主な状況とその結果は次のとおりです。

自治体	日付	状況
川崎市	2015.3 2018.10	2015.3 川崎市長に対する教育委員会及び児童相談所と警察との全件共有等を求める要望書を提出。副市長、教育長と面談。教育委員会には受け入れていただき同年11月に教育委員会と警察の情報共有の協定書締結。2018.10 川崎市担当課長等と面談し、児童相談所と警察との全県共有等を再度要望。
東京都	2015.10 2018.3	東京都知事に対して児童相談所と警察との全件共有等を求める要望書を2度提出、都議会議長あてにも同趣旨の陳情書提出するも、いまだ受け入れられず
愛知県・名古屋市	2015.10 2018.3	愛知県知事、名古屋市長に対して児童相談所と警察との全件共有等を求める要望書を2度提出。愛知県大村知事と面談し受け入れていただく。2018年4月から全件共有が実現。名古屋市にはいまだ受け入れられていない。

大阪府・大阪市・堺市	2015.11 2018.1	大阪府知事、大阪市長、堺市長に対して児童相談所と警察との全件共有等を求める要望書を2度提出。副知事との面談、3名の児童相談所所長との意見交換など実施し大阪府には受け入れていただき、2018年8月から全件共有が実現。大阪市、堺市にはいまだ受け入れられていない
三重県	2016.10 2018.7	2016年10月児童相談所と警察との全件共有等を求め、担当者と面談。協議が進められ、2017年3月申合せが締結され、一時保護を解除した児童に関する情報など一部共有が実現。2018年7月児童相談センター長、知事と面談等実施。同年8月県、警察本部、市長会、町村会の4者で児童虐待の防止に向けた連携強化を目的とした4者協定を締結。県内全市町の要対協実務者会議に児相と警察の参加が決定。年度内に児童相談センターと警察本部少年課をオンラインで結び情報共有の強化予定。
兵庫県・神戸市	2017.7	兵庫県知事、神戸市長に対して児童相談所と警察との全件共有等を求める要望書を提出。その後、児童相談所所長との意見交換の実施、兵庫県副知事、神戸市長と面談しての要望を行うもいまだ受け入れられていない。
埼玉県、さいたま市	2017.4	埼玉県知事、さいたま市長に対して児童相談所と警察との全件共有等を求める要望書を提出。県議会でも活発に議論され、埼玉県には受け入れていただき、2018年8月から全件共有が実現。さいたま市にはいまだ受け入れられていない。
千葉県・千葉市	2017.9	千葉県、千葉市の担当課長と面談し児童相談所と警察との全件共有等を求める要望を行うも、受け入れられず、その後、上司である担当部長との面談を要望するが、必要なしとして面会すら実現していない。
茨城県	2017.10	茨城県に対して児童相談所と警察との全件共有等を求め、担当部長と面談。県警と県庁で協議が進められ、2018年1月から全件共有が実現。
岡山県・岡山市	2017.12	岡山県、岡山市の担当課長、児童相談所所長らと面談し児童相談所と警察との全件共有等を求める要望を行う。岡山県・岡山市では、既に児童相談所の担当案件については警察と情報共有され、その他の案件については市町村の要対協実務者会議で情報共有されている実態にある。
香川県	2018.6	香川県知事に対して児童相談所と警察との全件共有等を求める要望書を提出し知事と面談するも、いまだ受け入れられていない。
群馬県	2018.6	群馬県本部長に対して児童相談所と警察との全件共有等を求める要望を実施。県警と県庁で協議が進められ、同年9月から全件共有が実現。
神奈川県	2018.7	神奈川県知事に面談し、児童相談所と警察との全件共有等を求める要望を行う。同年度中に全件共有を実施予定。

岩手県	2018.8	岩手県知事と面談し児童相談所と警察との全県共有等を求める要望を実施。9月に県と県警で協定が締結。協定書では共有対象が「外傷による虐待、ネグレクト、性的虐待が認められる事案」とされているが、運用上児童相談所から警察に全件提供されている（県と県警に確認）。
奈良県	2018.9	奈良県副知事と面談し、児童相談所と警察との全件共有等を求める要望を行う。
福岡県、福岡市、北九州市	2018.9、10	福岡県、北九州市の担当課長、児童相談所所長らと面談し児童相談所と警察との全件共有等を求める要望を行う。
広島県	2018.10	2018.10 広島県担当局長らに児童相談所と警察との全件共有を求める要望を実施。広島県では既に児童相談所の担当案件を含めすべての案件について，市町（3市町を除く）の要対協実務者会議に警察が参加し、その場で全件共有されている。3市町の実務者会議も警察が参加予定であり、実質的に全件共有されることになる。
和歌山県	2018.11	2018年11月和歌山県担当課長と面談し、児童相談所と警察との全県共有等を要望。

【コラム】

役人の側に立つか、子どもの側に立つか政治家の見識の問題

　東京都は結愛ちゃん事件を引き起こしても「児童虐待には程度があり、程度の低いものは警察に情報提供する必要はない」と（平成30年6月7日都議会厚生委員会少子社会対策部長答弁）、全件共有を拒否し、小池都知事もこの役人と同様に拒否しています。これに対して、愛知県の大村知事は、私が全件共有の要望に伺った際、担当部長を同席させ、「なぜ愛知県は全件共有してないのか」と質問されました。部長は「虐待には程度があり程度の低いものは警察に情報提供する必要はない、と児童相談所は言っています」と回答されたところ、「それは危ないでしょう。一度家庭訪問しただけで、この案件は程度が低いから大丈夫だというのは危険すぎます。幅広く子どもを守るため警察と連携してください」と指示され、その直後に全件共有を実現

第1章　家庭で虐待に遭う

していただきました。

　他機関の関与を嫌う役人の不合理な説明を真に受け現状維持を願う役人の側に立つのか、役人の説明の誤りを指摘しリーダーシップを発揮して他機関との連携を指示して子どもを守る側に立つのか、政治家としての見識の違いだと感じています。

　私どもの要望活動以前から高知県と大分県には全件共有を実現していただいていますが、茨城県、愛知県、埼玉県、大阪府、群馬県、神奈川県にはいずれも私どもの要望を受け知事のリーダーシップで全件共有を実現していただきました（岐阜県には直接要望に伺っていないにもかかわらず実現していただきました）。しかしながら、東京都、千葉県・千葉市、兵庫県・神戸市、名古屋市、大阪市、堺市、香川県等には、私どもの要望にかかわらず、今でも（2018年10月時点）全件共有に応じていただいていません。

　結愛ちゃん事件が起こるまでは、全件共有が実施されているかどうかすら知らなかった知事・市長がほとんどであったと思いますが、結愛ちゃん事件を受け大いにその必要性が議論になり、今では全件共有の是非がテーマになっていることをほとんどの知事・市長が認識されています。

　全件共有するかどうかは知事・市長の判断で決めることができることですから、現時点でこの問題は、他機関の関与を嫌い現状維持を願う役人の側に立つのか、リーダーシップを発揮して他機関との連携を指示して子どもを守る側に立つのか、知事・市長の政治家としての見識がかかっている段階になっているものと考えます。

【コラム】
他国の取組み

　アメリカのカリフォルニア州ロサンゼルス郡のトレーランス市では、警察は、日本の児童相談所に当たるＤＣＦＳ（Department of Children and Family Services）とともに一般住民からの通報の窓口であり、警察とＤＣＦＳとの連絡は密でこの関係はジョイントコンタクトと呼ばれています。情報の共有は密であり、虐待が疑われる場合の報告書は互いに渡しあい、同じものが双方の機関に保管されます。このことをクロスレポーティングと呼んでいます。調査されたレポートは州の情報システムであるチャイルド・アビューズ・インデックスに登録され、市や郡を超えて共有されます（研究代表者四方燿子「アメリカにおける児童虐待の対応視察報告書」）。また、児童が虐待死した場合、児童相談所に対応する部局の職員が保護を怠った場合には刑事責任を追及される場合もあります（2018年1月15日、3月18日読売新聞）。
　イギリスでは、警察も虐待の通告先とされており、犯罪の可能性があるケースについては、まずは警察に通告されることが多く、ただ、ネグレクトが疑われる場合には最初の通告は地方当局になされる可能性が高くなります。いずれにしても、警察に通告された場合には地方当局にも連絡を行い、地方当局に通告があった場合には警察にも連絡を行うというように、虐待の情報は常に機関相互で共有されます。例えば、ロンドンのハリンゲイ地区では、地方当局に、ソーシャルワーカーと警察官と保健師が常駐する部屋を設け、通告などに関する情報を日々共有しています。そこには、社会福祉、警察、保険に関する3つのデータベースが設置されているので、必要な情報がすぐに取り出せ、各担当者がそれらのデータの説明を即座に行えるという利点があります。この仕組みを整えたことで、通告を受けた子どもに対するリスクア

> セスメント、警察と地方当局との共同調査日の決定、保護の決定などが迅速かつ適切に行えるようになったということです（柑本美和「イギリスの児童虐待に対する刑事的対応―特に警察の対応について」より）。

―子ども虐待の経済的・社会的損失―

　子ども虐待が人道的に許されないものであることはいうまでもありませんが、子ども虐待を原因とする直接的・間接的な経済的・社会的損失は年1・6兆円に上るとの試算があります（日本家庭総合研究所・和田一郎ら）。

　殺害された子どもだけで毎年100人に上り、頭部損傷等により一生寝たきりの生活を送らざるを得ないほどの重傷を受けた子どもも多数存在し、これらによる労働力の喪失や医療費等の社会保障費は膨大なものに上ります。

　何とか虐待を生きのびた子どもについても、乳児院・児童養護施設に入所を余儀なくされ、そこでの生活費、学費という直接的な支出もまた膨大な額に上ります。

　さらに、在宅で暮らす子どもも含め、ほとんどの子どもが虐待によるトラウマの治療その他のケアをすることなくほうっておかれることにより、思春期以降様々な問題が現れ、生きにくい、前向きに生きていくことが困難な子どもたちが多数存在しているのです。このような結果、虐待がなければ、あるいは虐待によるトラウマを治療するなど適切なケアがなされていれば、成人後、虐待を受けていない子ども時代をおくった人と同様の生活をし、就職し、仕事をし、結婚をし、子どもをもうけることができた人たちが、そのようなことができなくなってしまう事態が多く生じているのです。もちろん虐待を受けたすべての人がそうなるわけではありませんが、無視できぬ数であることも事実で、総数としてはかなりの数に上ります。

　このほか、大変悲惨なことに、虐待を受けたことにより犯罪を犯してしまう、あるいは犯罪被害に遭うこともまれではありません。虐待を受けた子どもは

自己評価が低い、対人関係がうまくとれないという影響がみられ、対外的に不適応行動として現れることがあると指摘されています。

法務総合研究所が全国の少年院在院者約2,300名に行った調査では、50％の子どもに虐待の被害体験があり、虐待の体験のある女子の過半数が「虐待を受けたために非行に走るようになったと思う」と答えた、という調査結果となっています（法務総合研究所「法務総合研究所研究部報告11―児童虐待に関する研究」平成13年3月））。

これらによる社会的損失も含めた数字が、前述の毎年1・6兆円と試算されているのです。虐待死させられる子どもをゼロにする、殺されないまでも虐待を受け続ける子どもをできるだけ少なくする、そして、生き延びた子どもに心の傷（トラウマ）の治療をし、少しでもより前向きに生きることができるようにする、これらは私どもシンクキッズの目指す法改正の内容ですが、これらを実現することにより、喪失していた労働力が確保され、財政支出が削減され、経済成長に資するという結果をもたらすことになるのです。

子ども虐待問題は直ちに改善が図られなければならない人道的問題であるとともに、国の財政支出や労働力確保、少子化問題、経済成長にも密接にかかわる問題であるといえます。そうだとすると、子ども虐待問題は、政府では、直接の任に当たる厚生労働省や警察庁などのみの所管とするのでなく、財政を担当する財務省や経済成長を担当する経済産業省も関心を持ち、これらの官庁も有効な対策を講じるべき立場にあると思います。また、経済団体や労働団体も同様の立場にあるのではと考えます。

―「Working Together　関係機関が連携してがんばろう」ガイドライン―

私どもは、引き続き児童相談所と警察と全件情報共有と連携しての活動を求めてまいりますが、児童虐待は児童相談所が案件を抱え込むのでなく、幅

広い関係機関が連携して活動することが必要であり、警察との全件共有はその第一歩にすぎません。その考え方を、「「Working Together　関係機関が連携してがんばろう」の基本理念に基づく関係機関連携のためのガイドライン」として策定しました。

「Working Together」とはイギリス政府の児童虐待対応のガイドラインの題名にもなっているものですが、その名のとおり、児童虐待は一つの機関ではなく関係機関が連携して取り組まなければならないという理念のことを言います。本ガイドラインは、この理念に基づき、各自治体において児童相談所、市町村、警察、病院、学校・保育所、保健所等子どもを守ることができる立場にある機関が、他機関を理解し、敬意を表し、信頼関係を構築し、情報共有の上各機関の能力、役割を最大限に生かし連携して活動する、すなわちベストを尽くして子どもを守るための方針、考え方を示したものです。

現在、10府県で児童相談所と警察との全件情報共有が実施されることとなり（実質的にかなりの情報共有をしている県は他にもあり、明石市や姫路市など多くの市町村で全件共有は実施されています）、これらの自治体でWorking Togetherに向けた取組みが進められることとなりました。全件共有はその第一歩です。本ガイドラインは、これらの自治体においてはその参考としていただき、現場の実情に応じて各機関で協議して最善の「各機関が連携して活動するための方針」（本ガイドライン記2）を作成していただくことを期待しています。関係機関が信頼関係を構築して連携し、子どもを守るためにベストを尽くし、様々な効果的な取組みができることになります。それが、虐待されている子どもの立場から、児童虐待問題を考えるということだと思います。

このような取組みにより、児童相談所の一極集中、「介入」と「支援」の双方を担わされている矛盾も解消される方向に向かい、児童相談所でないと取り組むことができない「支援」の分野、すなわち虐待されている子どものケア、里親委託、特別養子縁組などの業務により注力でき、多くの子どもた

ちの幸せにつながるものと考えております。

「Working Together 関係機関が連携してがんばろう」の基本理念に基づく関係機関連携のためのガイドライン

（目的）
　児童相談所、市町村、警察、病院、学校・保育所、保健所等子どもを守ることができる立場にある機関が、情報共有の上、それぞれの機関の能力、役割を最大限に生かし連携して活動することにより、ベストの取組みで子どもを守る態勢を整備する

（そのために必要な取組み）
1 基本理念の制定と関係機関の共通理解
　「Working Together 関係機関が連携してがんばろう」を基本理念とする。
　児童虐待は一つの機関で対応できるほど甘い問題ではなく、虐待案件を認知した各機関が案件を抱え込むことなく、また、他の機関が無関心でいることなく、幅広く関係機関で情報共有し、それぞれの機関の能力、役割を最大限生かし連携して子どもを虐待から守る活動を行うことを、関係機関の共通の理解とする。

2 関係機関の連携確保、信頼関係の構築に向けた取組み
　関係機関がそれぞれの機関の能力、役割を最大限に生かして活動するため、「各機関が連携して活動するための方針」について、協議して定める（下記3以下に記載）。
　併せて、関係機関が他機関の業務の内容、役割、貢献について理解し、敬意を表し、信頼関係を構築し連携した活動が行えるよう、毎年適切な頻度で

合同研修を実施する。

3 虐待を把握した場合の関係機関が連携した最適な方法による子どもの安否確認、家庭訪問（所在不明案件を含む）

(1) 児童相談所、市町村、警察が虐待（疑いを含む）を把握した場合には、原則として受理した機関が家庭訪問し、子どもの安否を確認する。

(2) 児童相談所、市町村は、子どもがけが、衰弱している場合、性的虐待を受けている疑いがある場合、面会拒否、通報先不明など子どもの安否を確認できない場合には直ちに警察に通報する。←警察の体制、機動力、説得能力を生かす。

(3) 夜間、休日、遠隔地など児童相談所、市町村が直ちに訪問できない場合には、警察に訪問と安否確認を依頼することができる。←警察の体制、機動力を生かす。

(4) 市町村は、所在不明の未就学児童、健診未受診乳幼児について、学校等関係部局間及び転出先の市町村、児童相談所、警察との間で情報共有を行うとともに、これらの子どもの所在を調査し、その安全を目視で確認する。面会拒否など子どもの安全を目視で確認できない場合には直ちに警察に発見・保護を要請する。不登校事案についても凄惨な虐待・ネグレクトが行われている事件が数多く発生していることから、上記同様、関係機関で必要な情報共有の上連携して子どもの安全を確保する。

4 警察が知らされないまま救える機会を失することなく、かつ、児童相談所や市町村が虐待家庭につきより多くの情報を入手するための全件情報共有

(1) 警察が把握した虐待案件については、児童相談所又は市町村に速やかに通報する。その区分については協議して定める。

(2) 児童相談所が把握した虐待案件については、その概要を警察に毎月、前月に受理した案件をUSBで提供する上記（3（2））に該当する案件は直

ちに提供）。←警察が110番やDV対応、巡回連絡等で対応した場合に虐待を見逃すことなく対応する（知らされないままでは見逃して最悪虐待死に至る。東京都葛飾区1歳児虐待死事件、大阪市西淀川区小4女児虐待死事件など）。

(3) 市町村が把握した虐待案件については、要保護児童対策地域協議会の実務者会議で、概要を警察を含む関係機関で共有する（3（2）に該当する案件は直ちに提供）。←同上

(4) 警察が自ら把握した案件及び児童相談所・市町村から提供を受けた案件につき、110番、相談、DV対応、巡回連絡やパトロール、迷子・深夜徘徊児の保護活動等で対応した場合には、その状況を児童相談所、市町村、学校、病院等の関係機関に速やかに通報する。←警察が110番やDV対応、巡回連絡等で対応した場合にその状況を児童相談所、市町村等に通報し、児童相談所等の一時保護等処遇の適正な判断に生かす。

(5) 警察は児童相談所または市町村に、把握している虐待家庭に係るDVその他の暴力的な犯罪に関する情報、児童の深夜徘徊、家出、犯罪やいじめの被害、非行等の情報について提供する。←児童相談所、市町村が虐待家庭につきより多くの情報を把握することにより一時保護等処遇の適正な判断に生かす。

5 関係機関が連携して最適な方法での継続的な安否確認、親への指導支援

(1) 面会拒否、暴力や威嚇する言動、過去に虐待歴あり、乳幼児健診未受診、暴力的な同居人の出現等子どもに危険が生じるおそれが高いと認められる事案については、児童相談所、市町村、警察、学校・保育所（子どもが在学・在園している場合）、病院（子どもが診療を受けている場合）等の関係機関が協議の上、最も適切な対応ができると考えられる機関を訪問する機関と定め（例えば暴力や威嚇する言動、暴力的な同居人の出現等のケースでは警察、健診未受診のケースは保健所とするなど）、

第1章　家庭で虐待に遭う

当該機関が（他機関も同行して）訪問し、子どもの安否確認と親への指導支援を実施する。訪問した状況については速やかに他の機関に連絡し、各機関で最新の情報を共有する。←児童相談所、市町村、警察、学校・保育所、病院等がケースに応じて最も適切な機関が対応することとし、全ての機関で常時情報共有する。

(2) 上記（1）以外の案件については、原則として、児童相談所、市町村が家庭訪問し、子どもの安否確認と親への指導支援を実施することとするが、他機関の協力を求めることができる。状況に変化があった場合には各機関に速やかに連絡し最新の情報を共有する。

(3) 警察が迷子、深夜徘徊・家出少年や非行少年、性犯罪等の被害少女を保護・補導した際に、これらの子どもが被虐待児である場合には、児童相談所職員とともに子どもを家におくり、親への必要な指導支援と子どもの安否確認・立直り支援等を継続的に行う。

6 子どもの安全を関係機関と連携して確保する一時保護とその解除

(1) 子どもの安全を確保するために短期間のものを含め一時保護を躊躇せず、市町村、警察、病院、学校等からの情報・意見を幅広く入手し、特に専門的な医師の見解は十分に尊重する。←関係機関、特に医師の協力を得て一時保護を積極的に推進する。

(2) 一時保護を解除する場合には、事前に警察に家庭の状況等に関して調査を依頼するなど子どもの安全を十分確認するとともに、家に戻した場合の関係機関と合同での家庭訪問等の計画を策定、実施し、子どもの安全確保を徹底する。←関係機関、特に警察の協力を得て一時保護解除後の子どもの安全を確保する。

(3) 一時保護所については、子どもの人権に十分配慮した設計・運営とするとともに、警察等の協力を得て可能な限り通学できるようにし、保護された子どもの学習する機会を保障する。また、児童養護施設や里親など

に一時保護委託を進める。←関係機関や民間の方の協力を得て一時保護された子どもの安全と学習する機会を確保する。

7 ゼロ歳児の虐待死防止と里親委託、特別養子縁組の推進
(1) 予期せぬ妊娠等子育て困難な妊産婦を医師、福祉機関等が把握した場合に市町村への通報の励行を確保するため、医師会等と市町村との協力関係を構築し、研修を実施する。←医師会等の協力を得て子育て困難な妊産婦を把握・支援し、ゼロ歳児の虐待死を防ぐ。
(2) 児童相談所において (1) に係る乳児を含め対応する児童について、養子縁組、里親委託等を民間団体とも連携し積極的に推進する。そのために児童相談所内で必要な態勢を整備する。

8 性的虐待
　児童相談所と警察が連携し、性的虐待等重度の虐待を受けた子どもたちと、家族以外の者から性犯罪被害を受けた子どもたちの回復支援のため専門的な治療を受けることができる制度を構築する。また事情聴取に際し過度の負担を与えないよう司法面接の手法を実施する。←児童相談所、警察と精神科医との連携

9 虐待親に対する精神医学的アプローチ
　虐待親には何らかの精神医学的アプローチが必要なことが少なくないため、再発防止と親の立ち直り支援のため、親が専門的な治療を受けることができるような制度を検討する。←精神科医との連携（警察が行っているストーカー加害者への治療の知見等を参考に）

―効果的で業務負担もない共通データベースの整備―

情報共有の仕組みとして、児童相談所と警察で共通のデータベースを整備し、それぞれが通報を受けた虐待案件を入力することで、常に情報共有を実現する仕組みとすることがあらゆる観点から効果的です。

高知県では関係機関の情報共有が進んでおり、毎月児童相談所が会議を主宰し、警察や教育委員会などとフェイストゥフェイスで月20、30件の虐待案件の情報共有をしているわけで、これが最も優れたやり方だと思います。しかし、虐待案件が年間1万件あるような大府県ではこのようなやり方はできません。共通のサーバーに児童相談所と警察がそれぞれ把握した案件を入力することで、常時情報共有するという仕組みにしなければ、到底業務が行えません。また、こうすることにより、現在は書面で行われている警察から児童相談所への通告もデータベースでの入力で行えることになり、多大な業務軽減となります。

これをまずは、都道府県レベルで整備することが必要です。そして、データベースに虐待対応の中核となる病院あるいは市町村の母子保健部局や福祉部局がアクセスし、懸念のある家族について検索してヒットした場合には、虐待を念頭に子どもの保護を第一に対応することができるようにすることも必要です。情報共有しても、簿冊にとじこむだけでは、実際にはそのような事案であった場合でも担当者は分からず、見逃してしまうのです。簿冊にとじこむような情報共有は意味がなく、データベース化して検索できるようにしなければ実務では機能しません。イメージ図と考え方は次のようになります。

児童相談所と警察、市町村、病院との情報共有ネットワークシステムの整備について

(情報共有ネットワークシステムの整備)
1 児童相談所、警察間で情報共有のためのネットワークシステムを整備する。

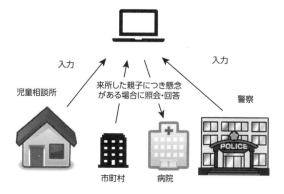

（「虐待・所在不明案件データベース」の整備による情報共有の実現）
2 警察又は児童相談所に設置するサーバーに「虐待・所在不明案件データベース」を設け、警察、児童相談所が把握した虐待案件、乳幼児健診未受診等で子どもの安否が確認できない案件をその都度入力する（現在書面で行われている警察から児童相談所への通告もこの入力により行う）。

（連携しての活動と常時情報共有の実現）
3 児童相談所、警察で共同作成するマニュアルに従い、連携して虐待家庭への訪問、安否が確認できない児童の捜索・保護活動を行うとともに、把握した状況をその都度各機関が同データベースに入力することにより、常時の情報共有を図る。

（市町村及び地域中核病院による同データベースの利用）
4 市町村及び地域で児童虐待対応の中核的な役割を果たす病院から同データベースへのアクセスを認め、来所した児童が被虐待児あるいは安否が確認できない児童であるかどうか確認できるようにし、保護を図ることができるようにする。

―全国データベースの整備へ―

　このようなデータベースを都道府県・政令都市で整備することにより、全国データベースの整備へとつなげていくことができると考えます。
　その狙いは、既に述べたとおり、まず、転居等により所在不明となった被虐待児その他の安否が確認できない児童の発見・保護に活用できることです。現在は、信じられないことに、児童相談所は把握している虐待家庭が住民票を残したまま転居した場合には、他の児童相談所にファックス１枚送るだけです。受け取ったほうは簿冊にとじるだけでしょう。警察にも連絡しません。要するに、ほったらかしで、何もしていないのです。
　もう一つの狙いは、全国データベースを大学等に提供し、データの調査・分析を依頼し、虐待予防、虐待対応、医療費の削減等の方策について有効な提言を得ることです。現在は、このような分析は何一つ行われていません。

―私どもの求める法改正の効果とその他の課題―

　私どもの求める法改正が実現すれば児童相談所が把握しながら救えたはずの子どもの命がみすみす虐待死されてしまうという事件は大きく減らすことができます。予期せぬ妊娠等子育て困難な妊産婦を支援する仕組みを講ずることと併せると、これまでの虐待死事件のかなりの割合のものに対して虐待死を防ぐ対策を講ずることができることになるのです。
　また、在宅で虐待を受けながら暮らす子どもは極めて多数に上っていますが、お読みいただいてご理解いただけると思いますが、現在は、児童相談所が家庭訪問して効果ある指導をほとんど行っていない現状ですから、ほとんどノーケアといっていい状態です。児童相談所と警察などが連携して、できるだけ多く家庭訪問することにより、家庭での虐待の継続・エスカレートを防止することもできるようになります。さらに、虐待を受けた子どもに専門

的な治療・カウンセリングを受けさせてあげることができれば、虐待のトラウマに苦しむ子どもたちが少しでも前向きに生きていくことができるようになると考えています。さらに、子ども虐待の経済的・社会的損失がかなり軽減されるという効果も期待できます。

一方で、私どもが今回求める法改正案は子ども虐待問題のごく一部にしか対応するものでないことは事実です。必要な法改正事項は多岐に上りますが特に必要な事項として次のものがあります。

〇 虐待する親へのカウンセリング受講制度
　虐待を繰り返す親に対して虐待を止めさせるための治療やカウンセリングを、児童相談所や裁判所が命じることはできません。任意の指導に応じない親には何もすることはできないのです。
　イギリスでは、裁判所に子どもの分離等に関する命令として、①ケア命令、②スーパービジョン命令、③教育スーパービジョン命令、④暫定命令などの広範な命令を虐待親に発することが認められ、子どもの保護に大きな効果を発揮しています。そして、親は裁判所からの命令が出されなくとも社会サービス局（日本の児童相談所に当たる機関）のソーシャルワーカーの指導をよく受け入れるとされています。それは、後ろに裁判所の命令が控えていることから、任意の指導を受け入れるからだとされています（峯本耕治「子どもを虐待から守る制度と介入手法―イギリス児童虐待防止制度から見た日本の課題」258頁、267頁）。
　法的な強制力を背後に備えた上で、児童相談所の職員が丁寧に説得・指導するような仕組みがなければ、虐待親は虐待を止めることも、児童相談所の指導に従い自らが治療やカウンセリングを受けることに同意することもほとんど考えられません。日本ではこのような制度を整備する必要があります。

第1章　家庭で虐待に遭う

〇 虐待の通報を励行する制度

　病院や学校が虐待を見逃し、あるいは強く疑いながら、通報せず、虐待死に至らしめた事件が起こっています。事件３の大阪市西淀川区聖香ちゃん虐待事件や2010年１月の東京都江戸川区海渡くん虐待死事件のほか、病院での見逃し事件として次のものがあります。

【事件30】堺市隆雅ちゃん虐待死事件

　2010年４月14日、隆雅ちゃん（１歳）が内臓損傷による出血性ショックで死亡し、母親の内縁の夫が傷害致死容疑で逮捕された事件。同月３日、母親が松原市の病院を受診。額が内出血で変色して膨れ上がっており、頭蓋内出血が疑われ、同市内の総合病院を紹介。同病院は虐待を疑ったが母親が「絶対に違う」と強く否定したため通告しなかった。同病院でも手に負えず、堺市内の総合病院に搬送された。いずれの病院も通告しなかった。

【事件31】大阪市住吉区颯ちゃん虐待死事件

　2011年１月、颯ちゃん（３カ月）が死亡し、父親と母親が傷害容疑で逮捕された事件。前年の11月大阪市立住吉市民病院での１カ月健診で左腕骨折が見つかり、さらに両足の骨折も見つかり入院し、医師は考えられる原因としてカルテに「先天的な骨の形成不全」、「ホルモンの病気」、「虐待」と書き込んだが、児童相談所に通告せず、12月10日に退院させたところ、翌日颯ちゃんは呼吸停止状態で病院に搬送され、約１カ月後に死亡した。

　そこで、一定規模以上の病院や学校の中に、「子ども虐待対応委員会」のような組織を必ず設置し、医師や教師が虐待が疑われる事案を必ず報告しなければならないこととすること、どのような症状、状態が「虐待の疑いのある事案」に当たるか、さらに、そのような場合に関係者はどういう対応をすべきかということ記載したガイドラインを作成の上定期的に研修しなければ

ならないことなどを義務付けることが必要だと考えます。

〇 虐待の通告先に警察を規定

　日本の児童虐待防止法では、虐待の通告先に警察が規定されていません。これは極めて奇異なことです。既に述べたように、虐待ではないかとの通報は児童相談所と警察にほぼ同数寄せられており、大都市では警察に対する通報が児童相談所に対する通報を上回っています。近隣の住民からの通報は、圧倒的に多く警察に対して寄せられています。こうした実態─「虐待は警察が対応すべき」という国民の意識─と法律が乖離しているのです。

　イギリス、アメリカ、韓国などの諸外国でも当然に警察は通告先とされています。児童虐待防止法の制定時に虐待の通告先に警察を規定していれば、児童相談所と警察の情報共有と連携しての対応も自然に行われていたのではないかと思います。法律上、警察が通告先として規定されなかったため、児童相談所は抱え込み意識を増大させ、警察も腰を引く対応をしてしまったのではないでしょうか。

　イギリスでは、警察に「Police Protection」という権限が認められ、裁判所の許可なしに独自の判断で子どもを保護することができるとされており（ただし72時間に限る）、また、法律には警察官の立入り・捜索に関する規定はないが、地方ガイドラインにおいて緊急性が高くスピードが要求される場合には生命・身体の安全を確保するため警察官は令状なしに建物内に立ち入ることができるとされています。また、警察も虐待の通告先とされ、虐待の調査も社会サービス局と合同で行うこととされているなど（峯本121頁、124頁、145頁）、警察と児童保護部局の連携は大変進んだものとされています。

　既述のとおり国会には私どもの要望にご理解いただき、2度も児童虐待案件の児童相談所と警察の「全件共有」を求める附帯決議をしていただきました。厚生労働省や各自治体より格段に児童相談所と警察の連携の必要性についてご理解いただいています。児童虐待防止法制定当時にこのような意識を

持っていただき、警察を虐待の通告先とする規定を設けていただいていれば、法律制定当初から児童相談所と警察の連携が進み、かくも悲惨な状況にならなかったのではないかと悔やまれてなりません。

○ 離婚の際の養育費の支払いを担保する制度
　虐待のリスク要因として貧困がありますが、いわゆるシングルマザーの貧困の大きな原因は元夫から養育費が支払われていないことです。日本では協議離婚が９割を占めていることから、離婚に際して養育費の取り決めをしない、取り決めをしても公正証書で作成されていないことが多く、請求することすら困難なことが多く、また、裁判・調停等で離婚した場合でさえ、支払わない場合に強制的に取り立てる民事執行法の手続きが煩瑣かつ役に立たず、ほとんど活用できない法制度となっています。
　欧米諸国では、養育費の不払いには刑罰をもって担保したり、源泉徴収のような仕組みで徴収するなど、子育てする母親が不払いにより貧困で苦しむことのないよう制度が整備されています。
　しかし、日本ではそのような配慮は皆無で、離婚して一人で子どもを育てる母親の多くが貧困に陥り、虐待に至る大きな原因を放置したままです。そこで、養育費の不払いによりシングルマザーが貧困に陥り、虐待するに至るという連鎖を断ち切るためにも養育費支払いの実効性確保のための法制度の整備が必要です。

○ 子どもの死因検証制度
　子どもの虐待死、とくに乳幼児の虐待死は少なからず見逃されています。医師の段階での見逃し（虐待と気付かない、あるいは虐待を疑いながら異状死として警察に届けない）と、警察段階での見逃しの双方が考えられます。
　警察での見逃しについては、時津風部屋事件のような被害者が成人の場合でも見逃すわけですから、乳幼児ではかなり見逃しているのではないかと疑

われます。医師の見逃しについては、日本小児科学会の調査では、実際の子ども虐待死は統計の3.5倍に上るとの推計がだされています。

　日本は、1歳未満の乳児の死亡率は低いにもかかわらず、1歳から5歳未満の子どもの死亡率はかなり高く、その中で死亡原因が「不慮の事故」が多くなっています。虐待でない事故が多いと思われますが、虐待死が多数見逃されている可能性を無視することはできないでしょう。

　サンフランシスコでは3歳以下の死亡例については原則として全例解剖を行うことを制度化しているとされています（水留正流「検視制度・死因究明システムと児童虐待」町野編「予防と対応」所収）。

　日本でもそのような制度を整備する必要があります。交通事故など第三者による目撃があるような場合を除いて、特に、子どもが家庭内で死亡した事故の場合には、原則として、解剖して死因を検証する制度を整備する必要があると考えます。このような制度は、虐待死の見逃しのみに資するものではなく、子どもの事故死、病死についても死因を詳しく検証することで、死亡につながる事故の防止、病気の予防策等を検討し実施することが目的です。親にとっては死亡した子どもが解剖されることはとても辛いことですが、これからの多くの子どもの命が救われるためだと理解できれば、納得できることも多いと思います。

　2013年6月、私どもは他の医師の方と連名で、国に子どもの死因検証制度の整備を要望しました。厚生労働省は、2018年度中に子どもの死因検証制度の調査をまとめ、2020年度までに方針を定める予定と報じられています（朝日新聞2017年11月10日）。検討が始まったことは歓迎すべきことですが、まだまだ時間がかかると予想されます。そこで、統計法に基づく死亡調査を利用して、作成された子どもの死亡診断書を再分析し、虐待の見逃しがないかを含め死因の検証の精度を高める制度を設けることが考えられます。私どもの作成したその骨子案はシンクキッズのホームページに公表しています（http://www.thinkkids.jp/kaisei/verification）。

第2章　学校で被害に遭う

子どもは学校でも様々な被害に遭っています。同級生や非行少年らからいじめや暴行・傷害等の暴力を受けている子どもたちは膨大な数に上りますが、本来子どもたちを守るべき学校の不適切な対応で救われないままの子どもはまた多数に上ります。また、親から虐待を受けている子どもについて、学校が関係機関と連携せず救えないという事態も多く見受けられます。さらに、多くの子どもたちが教師から体罰という名の暴力、性犯罪・セクハラなどの被害に遭っているほか、体育の授業やスポーツの部活動、課外活動において死亡あるいは重症を負う事故に遭うことも少なくありません。

1 学校で遭う被害の現状

―多発するいじめや暴力行為から救われない―

　いじめの認知件数は全国の小中高と特別支援学校で32万3808件（2016年度）とされています。そのうち、からかいや悪口が62.5％、遊ぶふりをしてたたく、蹴るが21.6％、いじめ対策基本法で定める「重大事態」は400件、そのうち、生命や身体などに重大な被害が生じた疑いがあるのは164件とされています。同年度に自殺した子ども244人のうちいじめ問題を抱えていたのは10人とされています。しかし、いじめにより自殺した子どもの数は本当にこんなに少ないのか、いじめの残虐さ、いじめに遭っていた児童の中にはいじめを受けていたことを公表しない児童が少なくないことからも、大いに疑問があります。

　最近の主ないじめ自殺事件は次のとおりです。
・1986.2　　東京都中野区中学校2年男子生徒いじめ自殺事件
・1994.11　　愛知県西尾市中学校2年男子生徒いじめ自殺事件
・2004.6　　富山市中学校1年生いじめ自殺事件

・2005.10　埼玉県北本市中学校1年生いじめ自殺事件
・2006.10　北海道深川市小学校6年女子児童いじめ自殺事件
・2006.10　福岡県筑前町中学2年男子生徒いじめ自殺事件
・2007.7　　神戸市高校3年男子生徒いじめ自殺事件
・2010.6　　群馬県桐生市小学6年女子児童いじめ自殺事件
・2011.10　大津市中学校2年男子生徒いじめ自殺事件
・2012.6　　静岡県浜松市中学校2年生いじめ自殺事件
・2012.9　　兵庫県川西市高校2年男子生徒いじめ自殺事件
・2015.7　　岩手県矢巾町中学2年男子生徒いじめ自殺事件
・2015.11　茨城県取手市中学3年女子生徒いじめ自殺事件
・2016.8　　青森市中学校2年女子生徒いじめ自殺事件
・2017.2　　新潟県新発田市中学2年男子生徒いじめ自殺事件

　いじめ対策基本法では、学校から警察に対して犯罪に当たるいじめは警察に通報されることになっていますが、いじめのうち警察等と連携された案件はわずか870件（0.3％）にすぎず、ほとんど学校内で処理されている現状です。
　いじめと重なるものが多い学校内での暴力行為の発生件数は59,457件で、生徒間の暴力は39,490件とされています（対教師暴力は8022件）。加害児童生徒数は57,901人で、そのうち学校が何らかの措置をとった児童生徒は6522人、警察、家庭裁判所、児童相談所等の関係機関により何らかの措置が取られた児童生徒は2125人、うち警察の補導は761人とされています。ちなみに、警察の統計によると、20歳未満の少年が被害者になった犯罪のうち、傷害は3152件、暴行は3972件となっています。暴力行為についても警察が対応するものはごく一部です。
　いじめや暴力行為による被害は膨大な数に上りますが、学校が適切に対応すれば被害児童生徒を救うことができたはずの事案が少なくありません。しかし、学校がいじめに気付かない、あるいは被害児童がいじめを訴えても学

校内で情報共有せず、被害児童生徒をみすみす救うことができる機会を失し、最悪自殺に至らしめるなどの事例が少なくありません。

○ 2017年2月、新潟県新発田市の公立中学校の中学2年の男子生徒はいじめを担任に訴えていたが、担任はその情報を学校内で共有しないまま、男子生徒は自殺。その後の調査により、他の教師は、男子生徒が加害生徒数人からあだなを呼ばれ追いかけられているのを見たが、いじめという情報が共有されていなかったため、鬼ごっこをしていると思ったという。
○ 2017年2月、神戸市の私立高校の女子生徒がいじめで飛び降り自殺を図った事案では、校内で情報が共有されていなかった。兵庫県の井戸知事は「(学校側が)自分たちだけで解決しようとしてしまうのが一番の問題点。かえっていじめをこじらせ悲惨な結果に結びついてしまいがちだ」と語ったと報じられている（2017年11月28日神戸新聞）。

　上記のとおり、暴力行為や明らかに犯罪であるなぐる、けるなどの暴力を伴ういじめについても、学校はほとんど警察に通報せず、学校だけで対処しようとします。既述の川崎市上村遼太君事件は校外の非行少年らによる殺人事件ですが、学校は不登校で非行少年らと関りがあったことを知りながら、母親に30回程度電話しても上村君と会えなかったにもかかわらず、警察に連絡しませんでした。
　学校はいじめや暴力行為について案件を抱え込み、警察等他機関と連携しようとせず、被害児童生徒はいつまでも救われないという事態が少なくありません。

―虐待に気づいても通報しない、通報してもほったらかし―

　学校は児童生徒が親から虐待を受けていることに気づいても、児童相談所

や警察に通報せず、虐待死や自殺に至らしめることも見受けられます。

[東京都西東京市中学2年男子生徒自殺強要事件]
　2014年7月、東京都西東京市の中学2年の男子生徒が継父から日常的に殴られた上、「24時間以内に自殺しろ」と自殺を強要され、自殺。
　中学校の担任は男子生徒の顔のあざに2回気づき、継父からの暴力によるものと認識していたが、教育委員会、児童相談所、警察のいずれにも通報せず、男子生徒は不登校になっていたが安否確認もしなかった。

　また、[事件3　大阪市西淀川区聖香ちゃん事件]は、学校が虐待に気づきながら、親との関係に過剰に配慮し児童相談所にも警察にも通報せず、みすみす虐待死に至らしめました。既述のとおり、近隣住民から警察に「DVではないか」と110番が入りましたが、学校から警察に情報提供されなかったため、臨場した警察官は親に騙され虐待に気づかず、聖香ちゃんを救うことができず、その直後虐待死させられました。

　学校が虐待に気づき児童相談所に通報はしたケースでも、その後児童相談所の不適切な対応と学校が児童相談所に任せきりとしたため児童生徒が虐待死に至った事件も少なくありません。[事件15　名古屋市昌己くん事件]は、学校は児童相談所に3回通報しましたが、児童相談所は家庭訪問を繰り返すのみで警察への通報も一時保護もせず虐待死に至らしめました。[事件19　大阪府岸和田市中学生寸前事件]では、中学校は不登校になった男子生徒宅を担任教師が家庭訪問しましたが、父親らから面会拒否され、児童相談所に2回相談しましたが、児童相談所は何の対応もとらないまま、学校は警察に連絡もせずそのまま放置していました。[事件16　大阪市西淀川区翼ちゃん事件]では、学校は児童相談所に通報しましたが、児童相談所は家庭訪問を一回したのみで、学校は（区役所とともに）見守りを任せられ、警察に相談もせず

そのまま虐待死に至らしめています。

　学校が虐待に気づきながら通報しないことはもとより論外ですが、児童相談所に通報したからといって学校は義務を果たしたわけではありません。児童相談所に通報しても案件を抱え込むだけで、子どもの安全は図ることはできないのです。

―教師による体罰・わいせつ行為に遭う―

　2016年度に、全国で教師による体罰は838校で発生し、被害児童は1401人、素手で殴るが55%、蹴る、踏みつけるが11%とされています。これら報告されているものは氷山の一角にすぎないと考えられます。これまで、教師の体罰が原因で児童生徒が自殺に至った事例も多く発生しています。最近では次の事件が起こっています。

[大阪市桜宮高校男子生徒体罰自殺事件]
　2012年12月、桜宮高校の男子バスケット部のキャプテンを務める2年生の男子生徒が顧問の教師から練習中20発ほど殴打され、口が血まみれになっても殴り続け、傷害を負わせた。男子生徒はその翌日に自殺した。教師に懲役1年、執行猶予3年の有罪判決。この教師は、他の部員にも暴力をふるい、教師になって24年間ずっと体罰をしており、殴った理由について裁判で「指導です。強くなってほしいと……」と証言した。

[仙台市立中学校二年男子生徒体罰自殺事件]
　2017年4月、中学2年の男子生徒が、2人の教師から、授業中に生徒の口にガムテープを張られ、頭をたたかれていた。生徒は頭をたたかれた翌日に自殺。男子生徒はほかの生徒からいじめを受け、担任にも訴えていた。

同年度に体罰が原因で懲戒処分を受けた教職員は162人、訓告を受けた教職員は492人に上りますが、懲戒免職は1人で、軽い処分がほとんどです。内輪に甘い処分と言わざるを得ません。これに対して、福岡市は2018年3月から体罰で重傷事案を負わせた教師には原則懲戒免職で臨むという懲戒指針を発表しました。大変評価できる施策ですが、このような方針は私の知る限り福岡市だけのようです。

　また、体罰は本来暴行罪や傷害罪に当たる犯罪ですが、被害生徒が自殺したような重大な事案や保護者が訴えるなどの対応をしない限り学校から警察に通報されることもほとんどなく、体罰教師が刑事責任を追及されることもまれです。

　次に、同年度にわいせつ行為で処分された公立学校の教職員は226人、懲戒免職は129人で、被害者の48％は自校の児童生徒で、中には、教え子とみだらな行為をした高校教師、女子トイレを盗撮した小学校教師がいます。わいせつ行為に関しては、教育委員会の処分も最近は厳しくなっています（教師によるわいせつ行為の対策については第3章に記載）。

―柔道や水泳、組体操等の授業・課外活動中に事故に遭う―

　学校の体育の授業、部活動、課外活動等に伴う死亡や重傷を負う事故が多発しています。日本スポーツ振興センター「学校管理下の災害」によると、2015年度は63人の児童が死亡しています。

　スポーツ別でみると、柔道や水泳での事故が目立っています。学校における柔道の死亡事故は、1983年から2013年までの30年間で118件あったとされています（内田良「教育という病」213頁）。水泳では、日本スポーツ振興センターによると、授業や部活動中の飛び込みで負傷し障害が残った事故への災害給付件数は2014年度までの10年間で少なくとも29件に上ります。2016年7月には東京都立の高校で、水深1.1メートルのプールで、教師が生

徒にデッキブラシを飛び越えて飛び込みするよう指導し、生徒は底で頭を打ち首を骨折するという事故も起こっており（2016年11月3日読売新聞）、教師による危険な指導が少なくありません。

　熱中症で死亡、重症に至らしめる等の事案は、競技を問わず炎天下で無理な練習させる、夏の暑いさかりに屋外に児童を連れて行くなどの児童生徒の安全を配慮しない学校・教師の対応により引き起こされています。2018年7月には、真夏に小学1年生のクラス全員を課外活動に連れて行き1人の児童が熱中症で死亡するという事故も起こっています（愛知県豊田市）。

　高層化する組体操については重大事故が多発しているにもかかわらず、なかなかやめようとしない学校が少なくありません。感動があるとか、一体感が醸成されるとか、教師の好みにより危険な組体操が子どもに強制されている実態にあります。

　このような危険な練習をさせ、不適切な指導をしたうえで死亡や重傷に至らしめる事故は、偶発的な避けることができなかった事故ではありません。体罰と相通ずる、教育という名の下では、児童生徒に何をやっても許される、という意識があると強く感じます。まるで、親がしつけという名の下であれば、子どもを殴っても蹴ってもいいと考えているのと相通ずるものがあります。

―学校や教師の不適切極まりない言動によりさらに被害が深刻に―

　2016年10月に神戸市立中学校の3年生の女子生徒がいじめで自殺した事件で、神戸市の教育委員会と学校は、いじめの内容やいじめの加害者が記された生徒からの聞き取りメモが存在していたにもかかわらず、遺族からの要望に対して反発を受けることを懸念して「メモは残していない」などと回答し、裁判所にも提出しませんでした。教育委員会の首席指導主事（校長経験者）が校長に対して隠蔽を指示し、校長は教員に対して同様の指示をしていました。校長が変わり、新しい校長が市教委にその事実を報告しても、市教委は

9カ月もその事実を公表しませんでした。

このような組織ぐるみの隠ぺい事案のみならず、学校や自治体の調査が不十分で、いじめが疑われる多くの証拠がありながら、加害生徒に過剰な配慮をし、いじめはないと判断し、遺族を苦しめ、いじめも被害者もなかったかのような対応をすることが少なくありません。さらに、次のような不適切な言動もみられます。

・（自殺した生徒の保護者に対して校長が）「不慮の事故にしてもらえないか」
・いじめの被害生徒に自主退学を求める
・（いじめの加害生徒が恐喝罪で逮捕された際校長が）「金の要求は冗談でいじめではなかった」
・「犯人捜しのようなことをすると、人権擁護団体からクレームがくる」
・（アンケートで自殺の練習をさせられていたという回答があったにもかかわらず、加害生徒にその真偽を尋ねなかった理由として）「いじめた側にも人権があり、教育的配慮が必要と考えた」
・（月命日に遺族宅を訪れた市教委の職員が自殺した生徒の母親やその友人に対して）「きょうはパーティですか」

子どもがいじめにより自殺してしまうという事態に至っても、責任を痛感するどころか保身に走る、加害児童の側に立つという教育者が少なくないという現実は、いじめが行われていても実は教師や学校は何ら有効な手立てをとっていないこと、いじめられている児童生徒の側に立っていないことを強く推測させるものです。教育という学校の本来の役割以前の「子どもの安全」が図られていないという、まさに学校の崩壊であり、多くの保護者が子どもを学校に預けていいのか不安に感じるに至っています。しかしながら、教育関係者にそのような認識があるのかは疑わしいですが。

また、妊娠した女子高生に学校が退職を迫るという事案も多いと報じられ

ています。妊娠の経緯は様々であり、妊婦に全く責任のないケースが多いと思われます。しかも、子育て困難なことが通常なのですから、学校は支援しこそすれ、妊婦を益々窮地に陥らせるような退学を迫る事案ではないことは明らかです。まさに私どもの法改正の要望事項である「子育て困難な妊産婦を支援する」というケースであり、学校は市町村と連携して妊婦である女子高生にその希望に応じ学業の継続と安心して出産することができるよう支援する姿勢に立ってほしいと思います。

なお、妊娠した女子高生に退学を迫ることは法律上根拠がないことについては、参議院における佐々木さやか議員の質問に対する文部科学省初等中等教育局長から「法令上の根拠なく、従う必要なし」という答弁でも明らかにされています（2018年4月10日。参議院文部科学委員会）

2 原因と背景

―児童相談所と共通する学校の「他機関排除」体質―

多くの学校は、いじめや校内暴力事案で明らかに犯罪となるケースでも「教育的配慮」あるいは「学校内のことは学校内で解決すべき」などという一見学校が責任をもって対応する覚悟があるかのごとき熱意（?）で案件を抱え込み、警察に通報しません。本当にそのような覚悟の下、責任ある対応で多くの被害児童生徒が救われていればいいのですが、多くの案件で学校だけでは解決できず、自殺に追い込まれるなど被害児童生徒を救うことができない事態がなくなりません。学校の本音は、他機関（警察）の関与はできる限り避け、案件を抱え込み内輪だけで対応したい、という思惑であると考えられ、児童相談所と同様の体質です。

その結果は、責任を負うといって案件を抱え込み、多くの被害児童生徒を救うことができていません。全く責任をとれていないのです。学校は、この

点でも虐待案件を警察に通報せず案件を抱え込んでは子どもを救えない児童相談所と同様の結果を招いています。

　殴る、ける、脅すなどのいじめは犯罪であり、学校以外の社会であれば警察に届けられるものであっても、学校内であることを理由に学校は警察にほとんど届けでることなく、かといって加害者は学校からほとんど咎めも受けず、被害者は泣き寝入りを強いられます。このような学校の対応について「いじめの根本的な解決ができるのは学校。解決を警察等に委ねることは慎重に」（三坂彰彦・田中早苗編著「Q&A子どものいじめ対策マニュアル」）と擁護する意見もあります。しかし、学校が案件を抱え込むからいじめが解決できず、毎年多数の児童生徒が自殺し、膨大な数の児童生徒がいじめ地獄で苦しんでいるのではないでしょうか。現在のいじめ多発と残虐化の主たる原因は、学校が他機関に関与させず、内部だけで処理すること、殴る、ける、恐喝するなどしても警察に捕まらないということを子どもたちに知れ渡っていることにあります。そうした現実に目を向けず、今までどおり学校に解決を委ねることを妥当だということであれば、何の変りもなく、多数の子どもたちがいじめ地獄に苦しみ続けることになるのではないでしょうか。

　児童生徒を暴力やいじめから守る活動は、学校だけで取り組むべきものであるはずがなく、地域社会や警察を含めた関係機関と支援・連携して取組むことが必要不可欠です。しかしながら、学校はとにかく学校内のことは学校の「専権」であるとの意識が強く、他機関の介入を嫌い連携しようしない閉鎖的体質が強く残っています。児童相談所あるいはその閉鎖的体質を全く改めさせようとしない厚生労働省と同様の体質です。

　一方、文部科学省は、「犯罪行為として取り扱われるべきと認められるいじめ事案に関する警察への相談・通報について」という通達を平成24年11月に発出しています。そこでは、

「いじめの問題については、学校において、いじめられている児童生徒を徹底して守り通すという姿勢を明示するとともに、いじめる児童生徒に対しては、「社会で許されない行為は学校の中でも許されない」ことであり、自身が行ったいじめについては適切に責任を取る必要があることを指導するとともに、このことの教育的意義について保護者にも説明して正しく理解いただくことが重要。

1 いじめ事案の中でも、特に、いじめられている児童生徒の生命又は身体の安全が脅かされているような場合には、直ちに警察に通報することが必要であること。

2 このような学校内における犯罪行為に対し、教職員が毅然と適切な対応をとっていくためには、学校や教育委員会においては、学校内で犯罪行為として取り扱われるべきと認められる行為があった場合の対応について、日頃から保護者に周知を図り、理解を得ておくことが重要であること」

との方針を打ち出しており、大変評価できます。

そして、学校と警察との間で設置されている「学校警察連絡協議会」で学校から警察への報告又は協議の対象となる事案は、多くの学校で、①犯罪行為又は不良行為を行った事案 ②非行集団に加入・勧誘されている事案 ③犯罪被害に遭うおそれがある事案 ④いじめ・虐待を受けている事案、とされています（「川崎市における事件の検証を踏まえた当面の対応方策」（平成27年4月21日文部科学省資料））。

しかし、この制度の運用を東京都でみると、警察から学校への情報提供件数は、平成25年は3375件、26年は1590件、27年は770件に上るのに対して、学校から警察へは、それぞれ90件、44件、33件にとどまっています。

実際には学校から警察への情報提供が必要な事案はもっとあると思います。まだまだ現場の学校では文科省の方針と異なり、他機関の関与を嫌い案件を抱え込む体質がそれほど改善していないように思われます。

体罰についても、学校以外の社会であれば、暴行罪、傷害罪として扱われるもののほとんどを警察に通報せず、暴力をふるった教師を内部でほとんど処分しません。児童生徒によるいじめや暴力行為と同様、暴力教師を他機関に関与させず加害者である教師を守ります。

　学校における児童生徒によるいじめ・暴力行為と教師による体罰の蔓延は、このような学校の他機関に関与させず、案件を抱え込み、被害者でなく加害者―いじめや暴力行為を行う生徒と暴力教師―を守るという姿勢に根本的な原因があると考えます。

　学校は、そのような対応を「教育的配慮」という名の下、一般社会では暴力をふるった者が当然に負わなければならない責任を免らせ、被害者である児童生徒を救わないという対応を長年続けているのです。言うまでもなく体罰をふるった暴力教師を警察に通報しないことが「教育的配慮」であるわけはなく、本音は、他機関の関与を嫌う、内輪で対応したいということにあると思われます。

―被害児童よりも加害児童の側に立つ―

　さらに学校がいじめの被害児童生徒より加害児童生徒の側に立つことも多いことは既述のとおりです。この点についても、児童相談所と同様の体質です。児童相談所は、[事件4目黒区結愛ちゃん事件]のように、親が面会拒否しても子どもの安否確認すらしないことも通例で、虐待を受けている子どもの側でなく、虐待親の側に立つのです。「親との信頼関係を優先する」という理由です。

　学校が犯罪に当たる悪質ないじめを警察に通報しない、あるいは、学校や教育委員会がいじめ自殺が起こり、いじめを疑うに足る多くの証拠があっても、加害生徒に過剰な配慮をしていじめはないと判断する対応も同様です。学校も児童相談所も、声の大きな、後でクレームをつけられそうな声の強い

者とトラブルになりたくないというのが本音と思われますが、本来守られるべき弱者、被害者、声の小さき者より、加害者、声の大きい者の側に立つという体質が共通しています。

しかも、（加害者側との）「信頼関係」という言い分を持ち出すことも一緒です。2006年の福岡県筑前町の中学2年男子生徒の自殺事件では、警察が男子生徒のズボンをトイレで無理やり脱がした3人の生徒を書類送検しましたが、これに対して「一度警察が入ってしまうと、生徒との信頼関係は無くなってしまう」とこの中学校で自殺した生徒の授業を担当していた男性教諭は危機感をあらわにする、と報じられています（2007年3月19日毎日新聞）。

なぜいじめ自殺にかかわった生徒を警察が検挙すると、生徒との信頼関係がなくなるのか意味不明です。被害を受けている生徒や一般の生徒は歓迎するでしょう。加害生徒のことしか考えないのかと驚くばかりですが、もちろん、この「信頼関係」なる用語はとってつけたような説明で、加害者側、声の大きい者とトラブルになりたくない、あるいは警察等他機関の関与を避けたいという本音をオブラートに包んだ言い方にすぎません。

そして、このようないじめに対する学校の対応を児童生徒はよく見ています。これだけやっても学校は警察には知らせないんだ、加害者である自分を守ってくれるんだということが分かっているのです。殴るける、わいせつ行為をする、金を無理やり持ってこさせるなど、学校以外の社会であれば、すぐ警察に通報され加害者が逮捕されるような行為でも、学校は加害者を警察から守ってくれるんだと分かっているのです。こうした意識を改めさせるには、学校内でも殴るける、わいせつ行為をする、お金を無理やり持ってこさせるという行為をすれば、警察に通報される、学校は加害者を守ることはしないことを分からせるしかないのです。

これに対して、「たかがいじめぐらいで」とか「警察に通報されれば加害少年の将来に傷がつく」などと反対する意見がありますが、「たかがいじめぐらいで」という主張はいじめの残虐さ、被害児童が自殺までしている現

実を全く無視した暴論です。また、加害少年の将来に傷につくという懸念に対しては、警察に通報しても逮捕されるのは悪質なものだけですし、よほど悪質なものでない限りは刑事処分ではなく保護処分となりますので、前科がつくわけではありません。加害児童生徒にそれほど不利益を被ることもなく、むしろ立直りの機会となるのです。

やってはならないことをした者をそのまま放置すれば、後に続く者にも間違ったメッセージを与えます。上の学年も許されていたということが、下の学年の児童生徒にもそう思わせるのは当然です。これではいつまでもいじめはなくなりません。

―いじめ・体罰を容認、軽視する社会風潮、裁判所の判断―

いじめや体罰の蔓延は、上記のような学校の体質が大きな原因ですが、それを許す社会風潮があります。いじめについては「たかがいじめ」「子どもはいじめを潜り抜けて一人前になるものだ」といういじめを軽視する、体罰についても教育の一環だとして容認する風潮があります。

体罰については特に甘い処分であることはすでに述べましたが、被害を受けた児童生徒以外の児童生徒の親が体罰教諭の復帰を求める要望書を多数提出する、他の学校の教師が体罰教師に指導に来てくれるよう要請する、さらには、親が自分の子どもを「ぶん殴ってでも強くしてほしい」旨要望するなど、体罰を容認ないしは要望する親も少なくないという現状です。まさに、しつけと称して児童虐待を容認する社会風潮と同じ構図です。

裁判所も体罰教師に甘い判決をしばしば出しています。私も弁護士として経験がありますが、悪質な体罰教師に学校や教育委員会が毅然と雇用・免職等の懲戒処分を下しても、裁判所がそれを重すぎるとして認めないことは珍しくありません。児童生徒に対して暴力（わいせつ行為についても同様）を犯した教師によほどでない限り教師を続けさせていいというのが多くの裁判

官の考えです。このような裁判官の体質も、学校から体罰という名の暴力がなくならない大きな理由の一つです。毅然と処分しようという学校や教育委員会の足を裁判所が引っ張っているのが現状です。既述の福岡市の体罰教師に対して原則懲戒免職で臨むという方針も裁判所に覆されることも危惧されます。このような傾向が続くと、学校や教育委員会はますますこのような教師に毅然と対応することができなくなり、学校から暴力教師を排除することができません。

　余談ですが、戦前の五一五事件で、犬養首相を殺害した海軍将校らは誰一人死刑にはなりませんでした。マスコミを含め多くの国民から嘆願書が出されました。五一五事件でせめて首謀者を死刑に処していれば、二二六事件もその後の軍部の専横も防げたのではないかと思ってしまいます。暴力を容認する風潮が戦前は一般社会にも強かったように思いますが、現在でも学校内はそれに近いのではないでしょうか。暴力に目をつぶる学校の対応とそれを容認するかのごとき裁判所の判断、社会風潮が改められない限りいじめや体罰はなくなりません。

【コラム】
いじめられている子どもたちの心理―専門家の方の著作から

　いじめられている子どもたちやいじめをしている子どもたちの心理について、有識者の方の著作から引用させていただき紹介いたします。

　「子どもの世界には法の適用が猶予されている。しかし、それを裏返せば無法地帯ということである。子どもを守ってくれる「子ども警察」も、訴え出ることのできる「子ども裁判所」もない。子どもの世界は成人の世界に比べてはるかにむきだしの、そうして出口なしの暴力社会だという一面を持っている。むろん、あの戦時中でさえ、食糧難は知らないと言う人にも、家族

親戚に出征者がいないという人にも私は会っている。そのように、子どもの社会のこういう面を知らずに成人した人も多いであろう。だが、その中に陥った者の「出口なし」感はほとんど強制収容所なみである。それも、出所できる思想改造収容所では決してなく、絶滅収容所であると感じられてくる。その壁は透明であるが、しかし、眼に見える鉄条網よりも強固である。」(中井久夫「いじめの政治学」「アリアドネの糸」所収)

○このような学校の聖域扱いが強固な「あたりまえ」になると、市民社会の論理によって学校内の暴力に対処することができなくなる。というよりも、「そんなことは思いもよらない」という現実感覚が蔓延する。たとえば、スーパーマーケットで市民が市民を殴っているのを見かけた市民は、スーパーマーケットの店員の頭越しに警察に通報するだろう。その通報者は市民の公共性に貢献したとして賞賛される。しかし学校で「友だち」や「先生」から暴力をふるわれた生徒が、学校の頭越しに警察に通報したり告訴したりするとしたら、道徳的に非難されるのは「教育の論理」を「法の論理」で汚した被害者のほうである。いじめ被害者の多くは、学校の頭越しに警察沙汰や裁判沙汰を起こすといった「瀆性」的な選択肢を思いつくこともできない。いじめで自殺する少年の多くは、加害者を司直の手にゆだねるという選択肢を思いつくことすらできないままに死んでいく。それに対して加害生徒グループや暴行教員は、自分たちが強ければ、やりたい放題、何をやっても法によって制限されないという安心感を持つことができる。学校では、厳格な法の適用が免除されるという慣習的な聖域保護政策のために、「友だち」や「先生」によるやりたい放題の暴力が蔓延する。」(内藤朝雄「いじめの構造」講談社現代新書)

3 対策

―警察を含めた関係機関との多機関連携―

　第1章で紹介した[事件17川崎市上村君殺害事件]では、上村くんは1カ月以上も不登校で、深夜徘徊をし、非行少年グループから暴力を受けていることが周りに知られ、担任の女性教諭は30回以上にわたって、上村くんの自宅訪問、母親への電話などしていましたが、上村くんに会えないまま、学校は警察に通報しませんでしたが、警察と情報共有していれば助けることができた可能性が極めて高いのは既述のとおりです。

　学校は、「教育的配慮」あるいは「学校内のことは学校内で解決すべき」などのもっともらしい名目で、犯罪に当たることが明らかないじめや暴力行為を警察に通報せず、案件を抱え込み、被害児童を救うことなく、被害に遭わせ続けています。このような排他的な対応を改めなければ、いつまでも被害児童を守ることはできませんし、いじめや暴力行為もなくなることはありません。

　学校外の非行少年とのかかわりなど学校だけで対応できる問題ではないことはもちろんですが、学校内の暴力行為や悪質ないじめについても、学校が案件を抱え込むことなく、警察等関係機関と情報共有の上連携して対応することが何より必要です。

　虐待案件についても同様です。児童生徒が親から虐待を受けていることを知りながら通報しない学校は少なくありませんが、学校は親との信頼関係を優先したなどと警察との連携を拒否する児童相談所と同様の説明をするのが通常です。しかし、本音は、他機関の関与を嫌い内輪で対応したい、あるいは警察に連絡すると親から抗議されるかもしれないと懸念しそれを避けたいというもので、子どもの安全を第一に考えた対応ではありません。

　児童生徒によるいじめや暴力行為と同様、いやそれ以上に児童虐待につい

ては学校が案件を抱え込んではなりません。また児童相談所へ通報しただけで子どもが守られるわけでは全くありません。第1章で述べたように、子どもを守るためには、学校と児童相談所、警察とで、密接に情報共有して連携して家庭訪問するなどの多機関連携が重要です。

　警察も学校から連絡を受けて対応した場合には、事件化する場合はもちろん、説諭にとどめる場合にも、事前事後に学校に連絡し、情報共有を図った上、その後の学校の指導が円滑に行われるように十分に配慮する必要があることしいうまでもありません。

―いじめ・暴力行為を「なかったこと」にしない―

　いじめや暴力行為に対しては、被害児童生徒の保護、安全確保が極めて重要です。そのためには、今後二度と、加害者にいじめ・暴力行為をしないように指導することが必要になりますが、いじめ・暴力行為の加害児童生徒に対する指導は通常は甚だ困難です。自らのいじめにより被害児童生徒が自殺した場合でさえ、「死んでせいせいした」「別にあいつがおらんでも、何も変わらんもんね」「おれ、のろわれるかもしれん」と言い放つ、通夜の席で、棺桶の中を何度ものぞきこんで笑う、再び他の生徒に暴力をふるうなどという事案もあり（前掲内藤朝雄 p20、p23）、加害児童生徒に反省を促す指導をしても効果が上がらないことが多いのも事実です。

　このような加害児童生徒の心理は、殴ろうが、恐喝しようが、自殺を強要しようが、学校内では許される、という歪んだ意識に基づくものと思われます。このような歪んだ意識は、これまで学校が「教育的配慮」の名の下で、暴力を容認する、法の適用を排除する、具体的には犯罪である暴力行為について警察へ通報せず、加害者に責任を取らせず、被害者を守らない、という対応に起因するものと考えられます。

　そこで、このような学校の姿勢、長年教育界が陥っている体質を改めなけ

ればなりません。具体的には、暴力行為はもちろん、いじめが犯罪に当たる場合には、軽微なものを除き、警察に通報し加害児童生徒に責任を取らせることです。これは、被害児童生徒の安全確保のために必要であるとともに、加害児童生徒の矯正・立ち直りに向けて必要なことでもあります。被害児童生徒の安全のためにも、加害児童生徒のためにも、学校において犯罪を犯したら法が適用される、すなわち警察に通報され、被害者は保護され、加害者は責任追及されることを理解させることが必要不可欠なのです。加害児童生徒にとっても立ち直ることができる機会を与えられることになることは既述のとおりです。

　重要なことは、いじめや暴力行為がなかったかのような対応は決してとってはならないということです。加害児童生徒には刑事責任を含む応分の責任を取らせ、被害児童生徒を守る取組みがまず必要で、それにより、加害児童生徒も立ち直る機会を与えられ、学校からいじめ・暴力行為がなくなっていくことにつながると確信しています。

　なお、加害児童生徒が親から虐待を受けているという場合も少なからず見受けられます。このような場合には責任をとらせるのみではなく、学校は警察、児童相談所に通報の上、連携して家庭訪問し、虐待親に指導するなど虐待を抑止する取組みを行う必要があります。

―体罰教師に対する厳格な対応―

　体罰教師に対しても、ほとんど警察に通報せず、甘い内部処分ですませている現在の対応を改める必要があります。
　一般社会であれば暴力を受けた被害者は自由な意思で警察に通報することができ、加害者は当然に刑事責任の追及を受けます。ところが、学校内で教師から児童生徒が暴力を受けても、子どもである児童生徒は通常は警察に届け出ることはなかなか困難です。それをいいことに、子どもを守るべき学校

が部内者である教師を守り、体罰という暴力がなかったことにしているのが現状です。軽微なものを除き、一般社会でも刑事責任を追及される程度の暴力行為である体罰については、学校は警察に届け出て、体罰教師に責任を取らせる必要があると考えます。

　法律的には、学校が治外法権ではなく法の適用がある以上、また、実質的には、力関係で優位に立つ大人である教師が弱者である子どもに対してふるう暴力は、子ども同士の暴力や大人間による暴力よりも悪質性が高いことからも、当然のことだと考えます。これに対しては「教育の一環だから体罰は許される」という反論が出てくるのですが、これは、児童虐待をする親の「しつけだから虐待は許される」というセリフと変わりません。体罰も児童虐待も、家庭あるいは学校という閉ざされた空間で、力の強い大人から弱者である子どもに対して行われる暴力であるという認識を社会が有することが必要と考えます。

　学校が生徒によるいじめや暴力事案について「教育的配慮」あるいは「学校内で解決しなければ負け」などという一見もっともらしい名目で、警察に通報せず案件を抱え込む対応は、実は体罰教師を守るためのものともなっているのではないでしょうか。犯罪に当たるいじめや暴力行為をした児童生徒を警察に通報して、体罰教師を警察に通報しないということはありえないからです。既に述べたように体罰教師を警察に通報しないことが「教育的配慮」のはずがないことは明らかなのですが、加害児童生徒と体罰教師をいっしょくたにして、内輪のみで対応しているのです。

　体罰をなくすためには、体罰教師を警察に通報しないという現在の方針、「学校に外部者をいれない」という方針を改めることが最も効果的です。そして、そのことは、学校内の暴力事案についても案件を抱え込まないということにつながり、自然と児童生徒の暴力行為も警察に通報することとなり、悪質ないじめや暴力行為の減少、被害を受ける児童生徒の減少につながっていくものと考えます。教師による体罰と児童生徒によるいじめ・暴力行為は、

コインの裏表の関係にあり、いずれも内部であいまいに処理され、被害者を守ることなく、長い間改善されないままなのです。

―エビデンスに基づく児童生徒の死傷事故の再発防止―

　教師によるしごきといえるような練習、あるいは無知・無理解により生ずる事故は体罰と同じ暴力的なものであり、直ちにやめなければなりません。柔道教室で小学6年生を投げて脳に重度の障害を負わせた指導者につき、業務上過失致傷罪で禁固1年、執行猶予3年の有罪判決が出されています（2014年4月30日長野地裁）。スポーツの指導、体育の授業だからといって、危険な行為で子どもを事故に遭わせることが正当化されることはありません。

　さらに問題なのは、学校やスポーツ指導者の多くが、過去に起こった事故を教訓とし、その原因を分析し再発防止策を講じる、という当然のことをせず、漫然と同じような事故を引き起こしていることです。自分がプロである、経験豊富であると自負している人の方が、今までのやり方を変えようとしないことは、いろんな場面で指摘されていることですが、スポーツの指導にも当てはまります。（このことは、児童相談所が通報を受け1回家庭訪問しただけで「この案件は虐待ではない、あるいは緊急性が低く警察と連携する必要はない」と判断して、ほとんどの案件を抱え込み、それらの案件でいくら虐待死に至らしめようが対応を変えない多くの児童相談所にもあてはまります）。

　学校における事故防止に取り組む専門家の方は「重大事故の防止において最も大切なのは、重大事故から学ぶことである。各事案がまるでなかったかのように忘れ去られていけば、私たちは何も学ぶことができず、また同じ事故が繰り返されていく。」と述べておられます（内田良「学校柔道121件目の死亡事故　中上級者の頸部事故に向き合う」2016.5.16YAHooニュース）。そのとおりだと思います。

全日本柔道連盟では、重大事故総合対策委員会を設置し、柔道事故の被害児童生徒の家族の方にもメンバーに入っていただき、その貴重なご意見も参考として、重大事故を教訓に、指導者向け「柔道の安全指導」等の冊子・ビデオなどの作成・配布、指導者に対する全国各地での安全指導者講習等の重大事故防止対策に取り組んでいるとされています（全日本柔道連盟のHP参照）。

　一方、プールでの飛び込みについては、小中学校では学習指導要領で行わないこととされ（ただし中学校の水泳の授業中に飛び込み事故が起きています）、高校では各都道府県の判断にゆだねられています。生徒の首の骨折等の重大な事故が起こった都道府県では飛び込みを禁止し、再発防止に取り組んでいるところが多いようですが、禁止していないところも少なくありません。教師が適切な指導をすれば大丈夫ということでしょうが、そもそも水深の深くないプールの多い学校のプールで、教師に完全な指導を求めることはリスクが大きすぎるのではないでしょうか。児童生徒が寝たきりになるような重大な障害が起こるおそれのある飛び込みを、水深が深く安全なプール以外で行わせることには大いに疑問があります。このままでは再発防止は図れないのではないでしょうか。

　また、高層化している組体操についても、児童生徒に危険が生じるリスクがあることは明らかで、実際に重大事故が多発しているのですから、高層の組体操を児童生徒にやらせることは大いに疑問があります。学習指導要領に記載がない組体操を児童生徒にやらせるのは、教師の個人的な好みとしかいいようがなく、安全なものであるならともかく、児童生徒に大けがを負うリスクを背負わせることなど、許されるものではありません。大人であれば危険な行為を強制されることはありませんが、児童生徒には、学校がやると言えば、諾否の自由がないのです。

　学校におけるスポーツや体育における重大事故についてはすでに膨大な数に上り、ほとんどエビデンスに基づき原因の分析がなされています。今後、

学校におけるスポーツ等の事故の実態について、スポーツ団体とも共有を進め、文科省、全国の教育委員会、スポーツ団体が連携し、事故情報を集約し、共有し、分析して、エビデンスに基づいて子どもたちの死傷事故の再発防止策を、学校等の現場で指導に携わる一人一人の教師等の指導者に徹底して浸透させていくことが重要です。

　なお、エビデンスに基づく再発防止策を長年講じないという姿勢は、1回の家庭訪問で「虐待ではない」「緊急性は低い」と判断し、案件を抱え込んだままの家庭で虐待死が多発しているという事実（エビデンス）を無視して、いつまでも警察等他機関と連携しようとしない児童相談所にも顕著です。

第3章

家庭で、学校で、地域で、SNSで性虐待・性犯罪、児童ポルノ被害に遭う

子どもは家庭では親や兄弟から性虐待を、学校や保育所、学童保育施設などでは教師や保育士などから性犯罪やセクハラ被害を、地域では知人や見知らぬ者から性犯罪に遭い、また、JKビジネスなど商業的・性的な搾取を受けています。さらに、インターネットの普及に伴い児童ポルノ被害も悪化の一途をたどり、最近ではSNSを利用した深刻な性犯罪被害に遭っています
　以下、本章では、子どもを被害者とする性虐待、性犯罪、JKビジネスなど性的搾取事案や児童ポルノ被害事案、SNSを利用した性犯罪被害事案等について、述べることとします。

1 現状

(1) 家庭における性虐待・性犯罪

　平成29年度における児童相談所への性虐待の通告件数は1540件となっています。しかし、性犯罪被害者の警察への通報率は数%前後との調査結果から、さらに、実父等により家庭内で行われる性的虐待が発覚し、通報される割合は極めて低いと考えられることから、実際には最低でもこの数十倍に上る家庭内において性虐待がおこなわれているものと推測されます。最近では、インターネットに大量に出回っている児童ポルノの画像が、家庭で父親からとられたと思われるものが多数見受けられ、家庭での性的虐待の拡大を物語っています。
　岡本正子大阪教育大学教授を中心とした児童相談所職員らの研究班の調査によると、7府県1指定市の児童相談所が2001年に取り扱った家庭内での性的虐待166件につき、全体の4分の1は性交があったと確認され、加害者は実父が40%、継父が22%、母の付き合う男性が12%とされています。また、性虐待の発見まで平均で2年半もかかっているとされています。日本社会事業高橋重宏教授の話として「加害者である父親が日本の場合ほとんど逮捕さ

第3章　家庭で、学校で、地域で、SNSで性虐待・性犯罪、児童ポルノ被害に遭う

れていないのが問題だ。北米では逮捕され、服役して家族関係の見直しを図る。性的虐待は子どもの将来に重大な影響を残す。生涯を通じたサポート体制の仕組みも必要だ。」とされています（2003年12月17日朝日新聞）。

外国の調査では、性的虐待は3～4人に1人の女子、5～6人に1人の男子に起きているとされていることからも（森田ゆり「子どもへの性的虐待」7頁）、驚くべき数の子どもが性的虐待を受け、沈黙を強いられたまま被害に遭い続けていると推測されます。

一方、警察による性的虐待の検挙件数は169件（平成29年）にとどまっており、ほとんどの性的虐待を検挙できていない現状にあります。

(2) 学校、保育所、学童保育施設、シッター等による性犯罪

学校、保育所、学童保育施設等における教師や保育士、学童保育施設の職員あるいはボランティアやベビーシッターなど子どもと接する業務に従事する者による子どもに対する性犯罪は多数起こっています。

[教師によるもの]

第2章で述べましたが、2016年度にわいせつ行為で処分された公立学校の教職員は226人、懲戒免職は129人、停職50人等となっています。被害者の48％は自校の児童生徒で、処分を受けた者の所属先は、小学校68人、中学校79人、高校67人となっています。

犯罪に至らないまでも教師による生徒に対する不適切な性的な言動（セクシャルハラスメント）も日常的に生じており、学校で、教師による児童に対する身体的・精神的な侵害行為が多発している現状にあります。

さらに、性犯罪で免職処分を受けた教師がその後再び教師として採用され、再度児童に対する性犯罪を行う事例まであります。

○ 2017年6月、愛知県知立市で勤務している小学校の女子児童に対する強

制わいせつで逮捕された臨時任用講師は、埼玉県の公立小学校で教諭をしていた2013年にも、児童買春・児童ポルノ禁止法違反で逮捕され、罰金の略式命令と停職6月の懲戒処分を受けていた。

[保育士によるもの]
○ 2018年7月、大阪府八尾市の認定こども園で保育士の男が、園児にキスをしたり下半身を触ったなどとして強制わいせつで逮捕。
○ 2017年12月、平塚市の無認可保育所で勤務していた男の保育士は、女児15人に対する強制わいせつ（4カ月の幼児に対する傷害致死事件については公判中）につき、懲役15年の有罪判決。過去に他の保育所で保育士として勤務している際に女児に対する強制わいせつで懲役3年の実刑判決を受けていた。
○ 2015年6月宮崎市で公立保育所に勤務する保育士が、5歳女児の下半身を触りその様子をスマホで撮影していたとして、強制わいせつ、児童ポルノ禁止法禁止法違反で逮捕。

[学童保育施設の職員によるもの]
○ 2013年から2015年にかけ、茨城県で学童保育所経営の男が、学童保育所に通っていた13歳未満の男児13人に対し学童保育所、送迎の車の中で74回にわたりわいせつな行為をし、その様子を撮影していたとして逮捕。
○ 2014年1月、横浜で障害児の学童保育を行うNPO職員の男が、送迎の車の中で11歳女児の下半身触りその様子をスマホで撮影したとして逮捕。
○ 2014年1月、札幌で学童保育所元指導員の男が、夏休みのイベントで引率員としてキャンプ場で宿泊した際、9歳女児の下半身を触るなどしていたとして逮捕。
○ 2012年1月、新潟県の学童保育施設で勤務していた男が、団体行事に参加し、宿泊施設で就寝していた女児を就寝中に服を脱がせ、体を触るな

第3章　家庭で、学校で、地域で、SNSで性虐待・性犯罪、児童ポルノ被害に遭う

どしていたとして逮捕。

[小学校のボランティアや補助員に応募してきた者によるもの]
○ 2010年、神戸市の小学校で支援学級の補助員になった男が、教室で男児に対するわいせつ行為で逮捕（2010年8月1日産経新聞）
○ 2010年、兵庫県西宮市の小学校で、自然学校に随行する有償ボランティアの指導補助員に応募してきた男が、男児多数に対するわいせつ行為で逮捕（2010年12月8日毎日新聞）
○ 2010年、横浜市の小学校で、教員志望で教育ボランティアになった大学生の男が、女児に対するわいせつ行為で逮捕（2010年9月8日読売新聞）
○ 2012年、大阪市教育委員会の非常勤嘱託職員が学校支援ボランティアの訪問先で児童に対するわいせつ行為で逮捕。この男は大学生時代にボランティアで参加した野外活動中にも同様の行為をしたとして強制わいせつと児童ポルノ禁止法違反（製造）で逮捕されていた（2012年9月2日読売新聞）。

[ベビーシッターによるもの]
　2014年3月、自称保育士の男が、インターネットの仲介サイトを利用して兄弟の男児を母親から預かり、兄を死亡させた。この男は、それ以前預かった子どもの裸を撮影するなどしていた。殺人罪、児童買春・児童ポルノ禁止法違反（児童ポルノ製造）で懲役26年の判決が言い渡された。

　これらの子どもに日常的に接する業務は、小児性虐待者にとっては自らの歪んだ欲望を満たすことができる格好の業務と映っています。小学校の中には、林間学校等の際にボランティアをインターネットで募るという行為を行っているところもありますが、こんなことをすると全国から小児性虐待者が群がって応募してきます。
　これらの者から子どもを守るためには、小児性虐待者をこれらの業務につ

くことを防止しなければなりません。イギリスでは子どもに接する仕事につく場合には、雇用しようとする者がDBSチェック（Disclosure and Barring Service check）とよばれる犯罪歴の調査を政府に依頼することとされ、特定の犯罪歴のある者はこのような仕事につくことができません（河田聡子「イギリスにおいて子どもに接する仕事につく際に必要な証明書―DBSチェックらについて」（チャイルド・ヘルス Vol.20 No12 所収））。ところが、わが国では、教師や保育士には欠格事由が法律で設けられていますが、学童保育施設の職員や小学校等のボランティア、ベビーシッターなどには欠格事由の定めもなく、過去に性犯罪を犯した者であれ、だれでもなれるのです。また、雇用しようとする者が調査しようとしても国は「個人情報」を理由に教えることはありません。子どもをこのような者から守る制度はないのです。

（3）通学路等での性犯罪

　通学路、公園などで子どもが性犯罪目的で連れ去られ、監禁あるいは殺害される等の事件が相次ぎ、長期間行方不明の事件も少なくありません。平成29年の20歳未満及び小学生以下の子どもに対する強制性交等は442件、62件、強制わいせつは2,791件、882件、傷害は3,152件、551件、略取誘拐等は183件、71件上っています。最近の主な事件は次のとおりです。

[岡山県津山市小学2年女児殺害事件]
　2004年9月、津山市で9歳女児が刺殺され、14年後の2018年5月男が逮捕された。男は2015年5月に兵庫で女子高生の腹部を指し懲役10年で服役中であった。過去に男は2010年3月に女子小学生や女子高生ら5人を刺し懲役4年で服役していた。男は女児の腹部から血が流れるのを見るのが快感と供述していた。

第3章　家庭で、学校で、地域で、SNSで性虐待・性犯罪、児童ポルノ被害に遭う

[新潟市小学2年女児誘拐殺人事件]

　2018年5月、新潟市で小学二年生の女児が下校途中に近所に住む男に誘拐され殺害され、遺体は線路上に放置された。この男は同年4月に別の未成年の女児を連れまわすなどして青少年育成条例違反で書類送検されていた。

[岡山市小学5年女児誘拐監禁事件]

　2014年7月、岡山県倉敷市の小学5年の女児が小学校からの帰宅途中で男に車で誘拐され、自宅に監禁された事件。男は女児をナイフで脅し、ナンバープレートを偽装した車で連れ去り、監禁用に準備したとみられる1階の洋間に監禁した。男の自宅は、今年に入り業者に依頼して1階の洋間を改装、廊下に面したドアを外側から施錠できるようにしていた。元々窓があったとみられる場所は外側からふさがれ、壁には防音工事も施されていた（2014年7月21日読売新聞）。男は女児を長期間監禁するつもりで、部屋を用意した計画的な犯行であった。

[熊本市大学生による3歳女児殺害事件]

　2011年3月、熊本市で、大学生の男が3歳の女児をスーパーマーケットのトイレ内でわいせつ目的で襲い、殺害、遺体をリュックに入れ川に捨てた。この男の自宅から児童ポルノが押収されていた。

[奈良市小学1年女児誘拐殺害事件]

　2004年11月、奈良市で帰宅途中の小学1年女児が男に家に連れ込まれ殺害された事件。男は過去に5歳の女児に対する強制わいせつで懲役2年、執行猶予4年の判決を受け、さらに5歳の女児に対するわいせつ行為をしようとして首を絞めたとして懲役3年の実刑判決を受けていた。自宅から児童ポルノが押収されていた。

[新潟県三条市女子小学生誘拐・監禁事件]
　2000年1月に発見・保護された新潟県三条市における長期間にわたる女児監禁事件。強制わいせつ未遂で有罪判決を受け執行猶予中の男が、小学校からの帰宅途中の女児をナイフで脅し車で連れ去り自宅の一室に9年2カ月間監禁していた。

　これらのほか、最近でも
- 大阪府熊取町で小学4年の女児が行方不明になった事件（2003年5月）
- 広島市で小学1年の女児が殺害された事件（2005年11月）
- 栃木県今市市で小学1年の女児が殺害された事件（2005年12月）
- 兵庫県加古川市で小学2年の女児が自宅前で刺殺された事件（2007年10月）
- 千葉県東金市で5歳の幼女が殺害された事件（2008年9月）

など、幼い子どもに対する凶悪な事件が数多く発生しています。

（4）子どもに対する商業的・性的搾取事案

　子どもへの犯罪を含めた性的侵害を通じ、経済的に利得を得る子どもの商業的・性的搾取事案とよばれる事案があります。子どもに売春を強要する、強制的に性風俗業に従事させる、児童ポルノを製造し、販売するなどが典型例ですが、最近では、着エロ、JKビジネスなどの事例が目立っています。2017年のこれらの事案は次のとおりです。

　児童買春事案（児童ポルノ禁止法違反のうち）……… 956件
　児童ポルノ事案（児童ポルノ禁止法違反のうち）……… 2413件
　児童福祉法違反（淫行）……………………………… 234件
　青少年健全育成条例（淫行）違反 …………………… 1390件

第3章　家庭で、学校で、地域で、SNSで性虐待・性犯罪、児童ポルノ被害に遭う

―「着エロ」といわれる幼い子どもの半裸の写真集等の販売―

　幼稚園、小学校低学年の子どもの半裸や水着姿の写真集・DVDが「着エロ」「ジュニアアイドル」ものとして公然と販売され、子どもたちに「握手会」「撮影会」と称して多くの男性が群がる事態が生じています。
　多くは業者から金銭の提示を受けた親が子どもを無理やりに、あるいは子どもが何をさせられているのか分からないまま親を喜ばせようとして行われている実態にあります。後記のとおり、母親が金銭目的で幼い子どもの裸体を撮影し送信するなどの事件が摘発されていますが、「着エロ」が販売されている裏には、親が業者に子どもを売るという、児童虐待そのものがあります。
　大人であれば、その意思に反して半裸や水着姿でポーズをとった扇情的な写真を撮影されようとした場合にはそれを拒否できますし、無理やり撮影された場合にはその態様に応じ強要罪、逮捕監禁罪、暴行罪その他の罪名で刑事責任を追及することができます。しかし、同じ行為を事実上強要される子どもについては、その保護があまりにもなおざりにされています。諾否の意思表明すらできず、助けを求めることもできない子どもを親が業者と組み、性的に搾取しているという深刻な問題なのです。
　半裸や水着姿の画像を法律上の「児童ポルノ」の定義に含まれないと解釈されているため、児童ポルノ禁止法違反で摘発できず、親と業者が組んだ児童虐待が公然と行われているのが現状です。

―最近目立つJKビジネスによる子どもの性的搾取―

　着エロ問題と似たような構図のものとして、「JKビジネス」があります。JKビジネスとは、女子高生等に男性客の性的関心に応じた様々なサービスを提供させる業務、言い換えると女子高生が性を売り物にした各種サービスを行わされている形態の営業のことで、客が女子高生と「会話」「散歩」「添

い寝」等をできることを売り物にするものです。言うまでもなく、こうしたサービスに従事する子どもが強姦や児童買春等の被害に遭う危険性は高く、これまで多数の子どもが犯罪被害に遭っている実態にあります。さらに、このようなサービスに従事する子どもは、家庭での虐待や親の不適切な養育態度により、家出せざるを得なかった等の事情がある場合が少なくなく、家庭で虐待された子どもが、さらに社会により食い物にされているという実態にあります。

　2017年4月から12月末までのJKビジネス関連事案の検挙件数は37件に上っています。このような子どもを性の対象とすることを公然と歌い文句とする営業が正々堂々と認められているのです。これが我が国の実情なのです。

　直接このような形態の営業を規制する法律がないことから、愛知県・東京都では警察が主導して規制する条例が制定されましたが、条例による規制では地域的に限定され、禁止行為も限定され、かつ、罰則も弱く、効果があまりないのが現状です

(5) 児童ポルノ被害事案

　児童ポルノは子どもに対する性的虐待であり、犯罪です。インターネット上には児童ポルノが公然とまん延しています。漫画、テレビゲームにもはん濫しています。警察の摘発した事件の中で、被害者の半数以上は中学生以下が占め、児童ポルノの製造手段は強姦・強制わいせつによるものが多数に上り、凶悪極まりない犯罪行為により製造されています。

　実の親がわが子を強姦しているところをビデオ等で撮影したものであったり、実の親が金でわが子を他人に売り渡し、その者が強姦しているところをビデオ等で撮影したものであったり、中には、犯罪組織が子どもを誘拐し、子どもに対して強姦を繰り返し、製作したものであったりします（その過程で子どもが殺されることもあります）。児童ポルノは、乳幼児までをも強姦の

第3章　家庭で、学校で、地域で、SNSで性虐待・性犯罪、児童ポルノ被害に遭う

被害者として製作された「表現物」なのです。

　インターネット上に流通し、実数は多すぎて分かりませんが、過去に警察が摘発した者は3000万画像も所持していました。

　2017年の検挙件数、検挙人員は2413件1703人で、過去最多を更新しています。被写体とされた子どもの内訳は、小学生未満が3.0%、小学生が17.5%、中学生が39.2%、高校生が36.9%で（同年上半期の分類）、被写体が未就学児童にまで拡大しています。

　また、日本の児童ポルノ禁止法では、諸外国と異なり、禁止される「児童ポルノ」の対象として、実在の児童を被写体としたものでない、漫画やコンピュータ・グラフィックスによるものは含まれていないことから、写真や映像と同程度に写実的な子どもを強姦する、性的に虐待する、調教するなど残虐な内容の漫画、ゲームが、インターネットで大量に流通し、書店、量販店などで公然と販売されています。

　実の母親が金で我が子を売るような事件や、小児性虐待者が集団で児童を虐待する事案等とんでもない事件が多く起こっています。

[母親による児童ポルノ提供事件]
　小児性虐待者である男は、下着販売サイトを利用し自分の下着を出品している母親と知り合い、母親らに現金を渡し、1歳から12歳の女児の裸の写真を撮影・送信させ、1歳と12歳の女児に性的暴行した。母親8人を含め13人が逮捕（2009年7月）

[教師、旅行会社社員らによる集団多数児童性犯罪事件]
　旅行会社社員、大学生らのグループは、旅行会社とNPO法人が企画した子ども向けのキャンプで男児にわいせつ行為をし、その様子を撮影していた。また、現役の小学校教師と元小学校教師は、公衆トイレ等で男児にわいせつ行為をし、その様子を撮影していた。この二つのグループはインターネット

で児童ポルノを交換していた。6人の所持品からは計168人分の男児の画像・動画約10万点が確認された（2017年2月）。

[女児愛好団事件]
　2006年ごろ、インターネットを通じて児童ポルノの交換等をしていた男らのグループは、女児を強姦するなどしその様子を撮影し、それらを見せ合い自慢しあっていた。また、児童ポルノの漫画を描いていた漫画家に児童ポルノを提供し、この漫画家も児童ポルノを提供していた。計41人が子どもへの強姦、強制わいせつや児童ポルノ禁止法違反で摘発。

　また、上記[女児愛好団事件]や[熊本市大学生による3歳女児殺害事件]、[奈良市小学1年女児誘拐殺害事件]など児童ポルノを愛好していた者による児童に対する凶悪犯罪が多発しています。1997年10月から4カ月間、全国の警察が扱った強姦と強制わいせつの被害実態の調査によると、アダルトビデオで見て自分も同じことをしてみたかった」という意識が加害者にあったか否かという直接的影響については、全体としては、33.5%の者がこの意見を肯定し、罪種別では強姦（40.6%）、少年・成人別では少年（49.2%）にこの意見を肯定していることが示されており（内山洵子「性犯罪被害の実態（4・完）－性犯罪被害調査をもとにして－」（警察学論集第53巻第6号）、ポルノに触発され性犯罪を犯す者が少なくないことが示されています。

【コラム】
児童ポルノはおぞましい性的虐待で犯罪そのもの

　児童ポルノの多くは子どもに対するおぞましい性的虐待を映したものであり、そこに映っているのは子どもに対する犯罪そのものです。そしてその対象は今や乳幼児にまで拡大しています。ポルノというよりも虐待そのものの

画像を増えています。幼児を裸にして縛ったり、拘束具をつけたり、目を覆うようなものが増えています。事態は悪化の一途をたどっています。

　次に、児童ポルノは、強姦等された行為が終了してからも、すさまじい虐待行為として存続し続けます。児童ポルノのほとんどは被写体とされた子どもの顔がさらされたまま、インターネット上に流通しています。そのため、おぞましい強姦等の行為が終わってからも、被害者の子どもは、自分の顔がさらされたままの自分を被写体とした児童ポルノが、インターネットにより世界中の人により見られることになります。このことは、被害者の子どもにとっては、すさまじい性的虐待であり、その苦しみが生涯続くことになります、児童ポルノはいつまでも続く性的虐待なのです。

　犠牲となった（写真を撮られた）子どもの大部分は、その顔を画像の中でさらされ、その画像はインターネットを通じてほとんど永久に流通します。幼いころに（子ども時代に）性的虐待を受けた者は、永久に心の傷を負って生きなければなりません。誰が「児童ポルノを楽しむだけなら誰も傷つけない」などと言えるでしょうか。子どもたちは抵抗できません。彼らは苦しみ、明るい未来を奪われてしまいます。児童ポルノの存在を社会が容認することは、到底許されるものではありません。

【コラム】
児童ポルノの与えるすさまじい害悪

　児童ポルノの与える害悪は、被写体とされた子どもに対する強姦行為というすさまじい虐待であるほか、様々な害悪があります。
　〇極めて深刻な精神的侵害
　言うまでもありませんが、子どもを児童ポルノの被写体とすることは、きわめて深刻な性的虐待です。児童ポルノは子どもに対するおぞましい犯罪行

為を写したものです。最近では、インターネットに大量に出回っている児童ポルノの画像が、家庭で父親からとられたと思われるものが多数見受けられ、家庭での性的虐待の拡大を物語っています。

　幼い子どもに対する父親による性的虐待は、子どもに対して深刻な精神的ダメージを与えます。最も信頼すべき父親からの性的虐待を受けることは、それが止んだあとでも、自殺願望その他のさまざまな深刻な病的症状を与え、十分なケアがなされないと生涯にわたり辛い人生が続くことになります。最近では、性的虐待を受けている子どもの顔がさらされたままの画像がインターネット上に流通しているため、いつまでも性的虐待を受け続けるのと同様の苦しみが続くのです。

　児童ポルノの犠牲者は、強姦される際の身体的な虐待とその画像がインターネット上に流通していることに対する深刻な不安の双方にさいなまれるのです。

　○子どもに性的虐待する際に利用

　父親、兄弟らによる性的虐待は昔からありましたが、最近ではインターネットの普及により児童ポルノが拡散したことから、子どもに対して性的虐待を行う際に、児童ポルノが利用されるようになっています。ポルノが家庭に持ち込まれた場合に、夫や父親が、妻や子どもに対して、ポルノを無理やりに見せる、ポルノの真似を強要するということがよく行われていますが、児童ポルノは、しばしば父親が子どもに対して性的虐待を行う際に利用されています。父親が子どもに対して無理やり強姦する場合も少なくありませんが、まず子どもが性行為をされ喜んでいるような児童ポルノ（アニメやCGであることが多いですが）を見せ、「この子どももお父さんからこういうことされて喜んでいるだろう」などと言われ、抵抗を少なくして、強姦行為に及ぶ場合も少なくありません。

第3章　家庭で、学校で、地域で、SNSで性虐待・性犯罪、児童ポルノ被害に遭う

(6) SNSを利用した子どもの被害事案

　子どもはインターネットによっても様々な被害に遭っています。インターネットの普及以前は、見知らぬ大人からの被害に遭うことは、繁華街を出歩かない限りほとんどなかったのですが、今はスマホを利用するだけで、見知らぬ大人からの被害、特に性被害に遭う危険にさらされることになってしまいました。子どもがツイッターで「家出したい」「死にたい」とつぶやくだけで、小児性虐待者や凶悪犯罪を犯そうとする者が群がってくるような事態になっています。

[神奈川県座間市ツイッター利用女性多数殺害事件]
　2017年8月から10月にかけて、ツイッター上で「首吊り士」などと自称する男と自殺の話題などで交流を持った女性多数が、神奈川県座間市の男のアパートに連れ込まれて殺害された事件。高校生ら未成年者4名を含む女性8名と男性1名が殺害された。

　子どもがSNSで知り合った男に呼び出され性犯罪に遭うという事件が多数起こっているほか、SNSで知り合った男に自分の裸の画像を送信するよう頼まれ、自分の裸を送ってしまう、その後でそれをネタに脅され、さらに性被害に遭うという事件も少なくありません。
　2017年の出会い系サイトやSNSをきっかけとして、性犯罪などの被害に遭った18歳未満の子どもは1813人に上っています。重要犯罪では、強制性交が24人、略取誘拐が21人、強制わいせつが16人、児童買春が447人、自画撮りを含む児童ポルノ関連違反が570人となっています。SNSの種類別では、ツイッターなどの「複数交流系」での被害が855人、ぎゃるるなどの「チャット系」が579人とされています。

2 原因と背景

　ここでは、なぜここまで、子どもに対する性的虐待・性犯罪、性的搾取、児童ポルノ被害が悪化したのか、その原因、背景について説明いたします。

(1) 小児性虐待者の急増──インターネットによる児童ポルノの蔓延

　小児性虐待者は昔から存在しましたが、インターネットが普及する前は、それほど数的に多くなく、かつ、彼らは孤立し潜在化していました。それが、インターネットの普及により児童ポルノが爆発的に拡散したことにより、小児性虐待者といわれる、そのような嗜好に陥った者が著しく増加しました。
　小児性虐待者はインターネットの児童ポルノ関連サイト等を通じて知り合い、秘密裏にグループをつくり、自分の所持している児童ポルノ画像を交換するようになる、その過程でいかに残虐な児童ポルノ画像を持っているか自慢するようになり、その果てに、わが子や通学中の子どもを襲って、より残虐な児童ポルノ画像を製造するために強姦行為に及ぶ、という事態が生じています。
　インターネット普及時は、わが国に児童ポルノを禁止する法律がなく、警察に有効な取り締まりができず、世界に日本から児童ポルノを拡散させ、諸外国から「児童ポルノ天国」と批判を受けていました（当時、筆者が警察庁の児童ポルノ担当者として国際会議、諸外国への対応で苦慮した状況についてはコラム142頁参照）。
　1999年に児童買春・児童ポルノ禁止法が議員立法でようやく成立しましたが、肝心の児童ポルノの単純所持の禁止が民主党などの反対で盛り込まれず、その後も、民主党（当時）や日弁連などが反対を続け長期にわたり制定されず、その間にさらに児童ポルノが拡散し、小児性虐待者が増えてしまいました。ようやく、2014年に児童ポルノの単純所持が禁止されましたが、児童ポ

ルノを描いた漫画は規制の対象とされないなど甘い規制のままで、児童ポルノがはんらんしている状態にあります。

(2) 子どもを守るために有効な法律が未整備

　わが国の性的虐待・性犯罪、性的搾取、児童ポルノを規制する法律は、存在しないか、存在しても極めて甘いという実態にあります。
　まず、小児性虐待者を子どもと接する業務から排除する仕組みがありません。学童保育やベビーシッターの利用は、女性（母親）の社会進出の推進という施策の必要性に鑑みると、ベビーシッターや学童保育施設の職員、ボランティア、教師や保育士等子どもと接する業務に就く者からこれまで以上に児童性虐待者を排除しなければならないことは明らかですが、効果ある法律を制定する動きは全くありません。
　次に、着エロやJKビジネスは、子どもを性的に搾取する営業なのですから、国が、厚生労働省が規制する法律を制定するのが筋です。現在はJKビジネスについて愛知県や東京都が条例で規制していますが、児童福祉法34条という、子どもの搾取を禁止する素晴らしい法律の規定があるのですから、これを改正すればすむはずで、私どもは他団体とともに国に対して要望していますが（150頁参照）、厚労省は全く検討する気配すらありません。
　また、漫画等による児童ポルノについては、2008年6月自民党から国会に提出された改正案では、附則で「漫画等による児童ポルノについては調査研究の上3年をめどに検討し必要に応じて措置をとる」といういわゆる検討条項が設けられていましたが、このような検討条項すら民主党などは批判し、同改正案は廃案となりました。その後2014年に同法の改正された際には検討条項は盛り込まれず、国際的には当たり前の漫画やCGの児童ポルノを禁止するかどうかについて現在検討することすら行われていません。
　子どもを守るために有効な法律の整備が不十分で、検討すらされていない

という状況です。

(3) 子どもに対する性犯罪等を犯した者に対する甘い判決

　子どもに対する性犯罪を犯した者に対する甘い判決は少なくありません。2011年7月に発生した、教諭がテレクラで誘い出した女子中学生に車内で手錠をかけて監禁し逃げ出そうとした同女が高速道路に転落死した事件について、大阪高裁は、被害者にも落ち度があるとして、求刑12年に対して懲役6年という極めて軽い判決を出しました。本件は、中学校の教諭をしていた被告人が、テレホンクラブを通じて知り合った12歳の少女に催涙スプレーをかけ、手錠をかけて車内に監禁し、車内から高速道路上に飛び降りさせ死亡した監禁致死事案（以下「本件事案」という。）と、それ以前に、伝言ダイヤルを通じて知り合った16歳の少女に催涙スプレーを吹きつけ、手錠をかけるなどして暴行脅迫を加え、同女から現金3万円を強取した強盗事案ですが、被告人は、本件事案直後に、罪証隠滅行為をした上、再び同種の犯行に及ぼうと、催涙スプレーと手錠を購入しており、極めて悪質な事例なのです。しかし、高裁判決は、こうした事情を認めつつも、本件事案の被害者がテレホンクラブを利用していることなどを理由に被害者にも落ち度があるとして、懲役6年が妥当としました。しかし、地裁判決が認定しているように、本件事案の被害者は父親の虐待を受けるなどして児童養護施設に入所するなど同女に極めて同情すべき事情があるにもかかわらず「被害者に落ち度がある」とし、さらに、被告人の逮捕された後の事情（被害弁償したとか、懲戒免職されたとか、反省しているとか）を考慮して、量刑6年が妥当としました。なぜに、ここまで、12歳の死亡した少女の「落ち度」を重く考慮する一方で、被告人が逮捕されてはじめてみせた「反省の情」を過度に考慮しました。被告人は逮捕されるまで同様の行為を繰り返そうとしていたのです。

　また、女子高校生へ「君を抱きたい」などの卑猥なメールを800通以上を

送るなどした教師に対して東京都教育委員会が懲戒免職処分とし、教師がそれを不服として取り消し訴訟を起こしたところ、裁判所が重すぎるとして取り消す判決を出しました。それを受け、教育委員会が再度停職6月の懲戒処分を出しましたが、それに対しても教師が訴訟を起こしたところ、何と裁判所はそれも重すぎるとして取り消しました（2018年4月）。なぜ裁判所は毅然と処分しようとする教育委員会の処分を取り消すのか、こんな判決を出されたら、学校や教育委員会は、処分を躊躇せざるを得なくなります。

　裁判所は、なぜ被害を受けた子どもよりも加害者の大人—しかも上記の両事件の加害者はいずれも教師—を守るのか。子どもの命、権利をここまで軽視する裁判所の姿勢は、子どもを性の対象とする大人の行為—しかも教師の行為—を大したことではないと考えているとしか思えません。

(4) 子どもを性の対象とすることを容認する社会風潮

　法律がない、あっても甘い、判決が甘いということと関連しますが、というよりも、こちらが最大の原因だと思いますが、わが国社会は、子どもを性の対象とすることを容認する風潮があり、子どもよりも大人の欲望、利益を優先させる社会であるということです。

　最近でも、
- 児童ポルノを禁止する法律の制定が諸外国より大幅に遅れる
- ようやく制定しても児童ポルノを楽しむために持つこと（単純所持）を禁止しない
- 漫画・CGによる児童ポルノの規制をしない
- 子どもや女性が多数来店する、女性の従業員も多数働いているコンビニでポルノ雑誌（女子高生の制服の女性のポルノ写真等が掲載されているものも多い）を公然と販売する。ただしイオン系のミニストップは2018年1月から全国の店舗で販売取りやめました

○東京都が条例で漫画・CGによる児童ポルノを子どもに販売することを罰則なしで禁止する規定に反対する

など枚挙にいとまがありません。

　児童ポルノの規制に反対したのは、民主党（当時）や日弁連、出版業界、漫画家、一部マスコミ等ですが、彼らは国際的な批判にもかかわらず反対し続けました。児童ポルノの単純所持の禁止は、スウェーデン王妃か何度も来日し必要性を訴えられましたし、駐日アメリカ大使のシーファー氏も必要性を与野党に訴えられました。また、国連の女子差別撤回委員会、欧米の人権擁護団体等から強く求められるなど国際的にも強く問題視されましたが、一向に応じませんでした。日弁連に至っては、2014年に児童ポルノの単純所持を禁止する法改正が実現しましたが今でも反対の姿勢を続けています。

　しかし、政党や出版業界、コンビニ業界、一部マスコミ等がこのようなことを平然と行うのはそれを許す国民の責任でもあります。欧米ならそのような政党、企業は国民から期待される社会的責任を果たしていないとして存続が危うくなるほどの危機に陥りますが、日本ではこのような政党や企業に強く抗議がなされるわけでもありませんし、国に対して規制を求める動きもごく一部なのです。

【コラム】
規制とも言えないほどの東京都条例をめぐり漫画家、弁護士会等が反対

　2010年2月、東京都が「児童ポルノを描いた漫画を子どもに売らないように努めなければならない」旨の条文を含む青少年保護育成条例の改正案を都議会に提出しました。規制ともいえないほどの緩い当たり前の規定ですが、民主党（当時）、共産党等の反対で否決された後（同年6月）、条文修正し規制の範囲を縮小するなどし、民主党（当時）が賛成し成立しました（同年

12月)。わたしは本条例案の元となった答申を提出した東京都青少年問題協議会の起草委員として，本改正部分について答申案を書きました。子どもに漫画による児童ポルノを売らないようにしようというのは当然すぎるほどのことで，反対されるなんて夢にも思いませんでした。大人への販売を禁止するものではなく、もちろん描くことの禁止ではありません。

　海外では，そもそも児童ポルノを描いた漫画の販売・所持を禁止している国が少なくありません。アメリカとカナダでは日本製の児童ポルノアニメを持っていた男に対して有罪判決が出されています。日本は国連女子差別撤廃委員会からアニメや漫画による児童ポルノを規制するよう長年にわたり勧告を受けています。世界から見ればきわめてゆるい，規制ともいえないレベルの規制ですが，それにすら民主党（当時）、東京都弁護士会、漫画家の団体、出版業界などが反対しました。

　児童ポルノを描いて収入を得ている漫画家やそれを本にして利益を得ている出版業界は自分たちの利害にかかわるという事情はあるのでしょうが、本規制は子どもに売ることのみを禁止するもので、罰則もありません。これに反対するということは、漫画による児童ポルノを子どもに売って金儲けしてもいいということになります。ちばてつや氏など子ども向けの漫画を描いている有名な漫画家も反対しました。子ども向けの漫画を多数描き，多くの子どもたちに夢を与えていた漫画家まで反対したのです。わたしはちばてつや氏の漫画は子どもの頃よく読みました。極めて残念なことですが，子どもを守る側に立ってくれなかったのです。

【コラム】
世界をいらだたせる日本の取組み

　わが国は児童ポルノに関して非常に取組みが遅れており、しかもそのことについて極めて鈍感な国です。

　わたしは、警察庁生活安全局生活環境課に勤務していた当時の1998年、フランスのリヨンで開催されたインターネット上の児童ポルノ問題に関する国際会議に出席しました。

　当時、わが国は児童ポルノという概念すらなく、わいせつにさえ当たらなければ、どんな子どもを被写体としたポルノでも合法とされ、日本からインターネットで世界中にまき散らされていました。インターネット犯罪を担当するわたしのところには各国の捜査機関やＩＣＰＯから日本から発信されている児童ポルノの取り締まり要請が多数来ましたが、「日本では児童ポルノは合法ですので取り締まれません」と断らざるを得ませんでしたが、そのたびに、相手から電話口で「What?……（何だって。こんな邪悪なものが合法だって。お前の国は頭がおかしいのか!）」と罵られ、極めて恥ずかしい思いをしておりました。

　その国際会議でも、日本から発信される児童ポルノが最大の問題となり、わたしが説明を求められました。その折の司会者の紹介の言葉がいまも忘れられません。「あの児童ポルノ大国の日本からこの会議にたった一人で参加した勇敢な男」という紹介でありました。わたしは、ただ、「できるだけ早く日本でも児童ポルノを禁止する法律を作るので待ってほしい」ということしか言えませんでした（拙著「日本の治安」新潮新書参照）。

第3章　家庭で、学校で、地域で、SNSで性虐待・性犯罪、児童ポルノ被害に遭う

3　対策

（1）性的虐待を受けている子どもの早期発見の仕組みの整備

—周りが気づき、動く—

　性的虐待は長期間続くケースが多く、その場合子どもの被る精神的被害は甚大なものとなります。そこで、早期にその被害から子どもを救うことが重要です。しかし、性虐待・性犯罪はもともと訴えにくいものですが、加害者が父親や兄弟、親族や友人知人等の場合にはさらに訴えにくく、性的虐待を受けた子どものほとんどは沈黙を強いられ、なかなか周りの人間は気づきません。そこで、性的虐待を受けた子どもを1人でも多く、少しでも早く発見し救出することができるような制度の整備が必要です。

　家庭内の父親、兄弟からの性虐待については、特に被害児童が言い出せず長期間苦痛を強いられています。そこで、母親が早期に気づき、子どもの側に立ち救うことがぜひとも必要です。母親は、日ごろから子どもには、誰かから体を触られるなどいやなことをされたらすぐにお母さんに話すように言っておくことが必要です。そして、そのような訴えを受けた場合には、子どもを信じ、子どもの側に立ち、毅然と夫や息子（被害児童にとっては父親や兄弟）と対峙することが必要です。

　しかしながら、子どもが言い出せず気づかないままでいることが少なくないほか、子どもが勇気をだして母親に相談しても母親がそれを信じない、信じないばかりか夫の側に立ち子どもを非難するというケースも少なくないのが実情です（このような場合には被害児童は父親からは性虐待を受け、母親からも信じてもらえず逆に非難されるという極めて深刻な身体的・精神的被害を被ることになります）。

　このような場合には、教師など周りの者が気づき、行動することが求めら

▼

れます。被害児童は直接助けを求めることは困難なのですが、何らかのサインが出されることも少なくありません。

たとえば、「授業中放心状態になる」「急に落ち込む」「目に見えて不活発になる」「成績が急に下がる」といった現象や、不登校、家出、放浪、非行、薬物依存、自殺未遂を起こすこともあります。

教師、保育士などに対しては、研修を実施しそのようなサインに関する知識・情報を広く提供し、1人でも多くの教師、保育士などが性的虐待を発見し、子どもを救っていくことができるようにすることが必要です。

―被害児童自身が助けを求めることができるように―

また、性的虐待や性犯罪を受けた子どもが、そこに行けば、相談でき、治療やカウンセリングを受けることができ、希望すれば警察に告訴できるような「性的虐待・性犯罪ワンストップセンター」を各地に整備し、被害を受けた子ども（それに気づいたまわりの大人も）がすぐに駆け込んで被害を訴えることができるようにしなければなりません。わが国ではまだまだ数が少ない上に、その存在もあまり周知されていません。

欧米では、女子生徒に性犯罪を受けた場合の対応要領を記載したパンフレットを女子生徒に配布していることころが少なくありません。日本でも、小学高学年以上の女児に対して、性被害や身体を触られるなどの被害を受けた場合にどうすればいいかを分かりやすく記した「性犯罪を受けたら」「いやなことをされたら」などのパンフレットを配布する、性犯罪電話相談窓口、ワンストップセンターなどを整備し、それを周知するという取組みが必要です。

(2) 学校、保育所、学童保育施設、学校ボランティア、シッター等から小児性虐待者の排除

　学校、保育所、学童保育施設等の教師、保育士、職員らが子どもに対する性犯罪その他の不適切な言動を行った場合には、刑事責任の追及のほか懲戒解雇等厳格な懲戒処分を課し、こうした小児性虐待者を子どもを接する業務から排除しなければなりません。

　上記のとおり、教師や保育士には欠格事由が定められていますが、学童保育施設の職員、小学校のボランティア、ベビーシッターらには、法律に欠格事由の定めがなく、過去に性犯罪で有罪判決を受けても、その後もこれらの職に就くことができます。

　まずは、速やかに法律を改正し、学童保育施設の職員、小学校でのボランティア、ベビーシッターなど子どもに接する業務に携わる者について欠格事由を定め、それに該当しないか本人の自主申告に委ねるのでなく、公的機関に照会して調査し、確実に排除しなければなりません。

　次に、教師については、欠格事由はありますが、対象が限定されすぎています。教員免許は懲戒免職処分や分限免職処分、禁固以上の刑を受けた者には与えないものとされ（教育職員免許法5条4号）、保育士はそれに加え（正確には、禁錮以上の刑に処せられ、その執行を終わり、又は執行を受けることがなくなった日から起算して2年を経過しない者）、児童福祉法、児童買春・児童ポルノ法等の違反で罰金の刑に処せられ、その執行を終わり、または執行を受けることができなくなった日から起算して2年を経過していない者（児童福祉法18条の5、児童福祉法施行令4条）、はなれないとはされています。しかし、これでは、児童買春・児童ポルノ禁止法違反や盗撮行為・卑猥行為等で罰金刑に処せられても教師になることもできますし、保育士はこれらの違反で起訴猶予にされた場合はもちろん問題にされませんし、禁固以上の刑や罰金を受けても、わずか2年で保育士になることができます。欠格事由の

対象を拡大する必要があります。

　また、ある都道府県で性犯罪を犯しても、他の都道府県で採用する際に処分歴をチェックしないため見逃して採用してしまう事例が見受けられます。2017年9月に、ようやく文部科学省は、性犯罪等で懲戒処分を受けた教師が別の都道府県で採用されることを防止するため、わいせつ問題を起こした教員の処分情報の共有のための全国データベースを整備する方針を打ち出しましたが、早期に厳格なチェックを行うことが必要です。

　性犯罪を犯した者は二度と教師はもちろん子どもと接する業務に就かせるべきではなく、そのような法制度とすることが必要です。このような主張に対しては、職業選択の自由の制約だと反対する意見もあるかと思います。しかし、そのような制約を受ける者にとってもいわれのない負担ではなく、子どもを性犯罪から守るという圧倒的に重大な価値からすれば必要な措置だと考えます（この点については、常習性犯罪者対策についても同様）。

　しかし、このような法制度の整備は役所でも国会でも全く検討の俎上にも乗せられていませんし、また法改正が実現しても前科のない子ども性虐待者はこれでも排除できません。そこで、現状では、自治体、私立学校、保育園等で雇用の際、身元を確認し、性犯罪の前歴がないか質問し、誓約書を取るなどの事前調査を行うとともに、子どもに対して体を触るなど不適切な行為があれば直ちに解雇する旨の就業規則を整備し、採用時に同意を得ておくなどの取組みが最低限必要です。

　しかし、小児性虐待者を採用時に見分けることはほとんど不可能です。したがって、教師や保育士、ベビーシッター、学童保育施設の職員、小学校でのボランティアに応募してくる男性については極めて慎重に判断し、安易な採用は避けるよう努力する必要があります。

　前記の神戸の小学校で男児に対する性犯罪で逮捕された男は、「男児へのわいせつ目的で4、5年前から3つの特別支援学校や特別支援学級でボラン

ティアした」と供述しています(2010年8月1日朝日新聞)。明確な子どもへの性犯罪の意図をもって、このような小児性虐待者が教師や小学校のボランティア、学童保育施設の職員、ベビーシッターとして入り込もうとしているのです。一体何人いるのか、何百人か、何千人か、何万人か、いずれにしても放置できない問題なのです。

最低限の取組みとして、採用時に過去に性犯罪を犯していないこと、処分を受けていないことなどにつき誓約書を出させる、施設のハード面の取組みとして保育室や子どもを送迎する自動車内にドライブレコーダーを設置し録画する、運用面の取組みとして施設内あるいは車での送迎に際しては男性職員とはできる限り二人きりにしないなどの取組みを行う必要があります。

(3) 通学路等での性犯罪被害防止のための取組み

通学路等で子どもが誘拐・監禁、殺害、性犯罪等の被害に遭う事件を防ぐためには、
①スクールバスの導入
②通学路の安全対策、特に防犯カメラの設置
③公園や駅、スーパー・量販店、ファミレス等のトイレへの防犯カメラの設置その他の犯罪が起きる死角をなくす取組み
④性犯罪・子どもに対する犯罪を犯した者の再犯防止対策
などが必要です。

スクールバスの導入については、悲惨な事件が起こるたびにその必要性が言われますが、整備はそれほど進んでいません。費用の問題なのでしょうが、子どもの安全が確保されない地域では、人は住めません。どんどん人が出て行ってしまいます。国、自治体は必要な予算をつけて、スクールバスを導入していくことが必要です。

通学路の安全対策として必要な対策は通学路への防犯カメラの整備です。

私が警察勤務時には、警察からもお願いし、地域の住民による「見守り活動」ということも行われている地域もありましたが、やはり長くは続かないところが多く、今は少なってしまったのではないかと思います。子ども虐待もそうですが、地域の住民に子どものために見守り活動に期待したいことはやまやまですが、残念ながらそれに多くは期待できないのが悲しい現実です。「地域のみんなで子どもを守る」というお題目はいいのですが、そのようなことが期待できる地域はほとんどありません。子どもを守るためには、より確実で、実質的に有効な対策を講じなければなりません。それは防犯カメラの設置です。

　私が大阪府警勤務時に、大阪府安全なまちづくり条例を制定し、防犯カメラを通学路等に多く設置しました。古いデータですが、日本で最も早くスーパー防犯灯（カメラと警察への緊急通報装置がついた街路灯のこと）が設置された東大阪市の布施駅前では、2年間でひったくりが46％、自動車盗が49％、総数で26％も街頭犯罪が減りました（拙著『日本の治安』（新潮新書））。

　通学路に防犯カメラが設置されていれば、連れ去られる状況や、付近を走行する車の状況等が判明し、追跡することが可能になります。もちろん、最大の効果は、犯罪の抑止です。防犯カメラを設置して、「防犯カメラ設置」と大きな看板を掲げれば、その付近一帯で子どもが襲われる危険性はぐっと少なくなります。これまでの事件を教訓に、通学路での防犯カメラの設置を進めるべきです。警察のみならず、都道府県、市町村が主体となり（行政が設置しない場合には自治会、町内会など住民も）整備を進めるべきと考えます。

　また、公園や駅のトイレ、スーパー・量販店、ファミレス等のトイレへの防犯カメラの設置も同様に必要です。小児性虐待者はトイレで子どもを待ち伏せしています。

　2011年3月に熊本市で3歳女児がわいせつ目的の大学生に襲われ殺害されたのはスーパーのトイレでした。小児性虐待者は公園や駅のトイレはもち

ろん、量販店や 100 円ショップ、ファミレスのトイレでも待ち伏せして子どもを襲います。子どもを一人でトイレに行かさないのが何よりの被害防止対策ですが、小学校高学年でも襲われていますので、やはり、子どもが利用するトイレには、入り口に防犯カメラと緊急通報装置を設置するしか子どもを守ることはできません。

　その他団地や集合住宅の裏側など、人の目につきにくい犯罪の死角となる箇所をできるだけ少なくする、「犯罪防止のための環境設計」といわれる取組みが必要です（大阪府安全なまちづくり条例をはじめとする各都道府県の同種の条例に基づき自治体が取り組むこととされていますが、それほど進んでいません）。

（4）　子どもの商業的・性的搾取を法律で禁止する

―着エロを法律で禁止する―

　「着エロ」とよばれる被写体として半裸や水着姿で性的なポーズを取らされている子どもは、自分の意思でこのような被写体となったものとは到底考えられず、親が金銭を得たいという目的で、出版社と共同してかかる写真集を制作・販売して実情にあります。幼児、小学生は、保護者らによるこのような行為を拒否する術を持たず、保護者らの身勝手な意向に基づいて、半裸や水着姿でポーズをとらされた自らの肢体を性的興奮を求める大人にさらされるという被害に遭っています。

　このような行為は子どもに対する性的虐待そのものであり、これらの子どもたちの多くは、思春期になれば自身が行わされていた行為の真の意味を知り、激しく傷つき、心の傷となり、それ以降様々な困難を背負い生きていかざるを得ません。親が子どもを性的な対象として売るものと言え、明らかな児童虐待であり、法律をもって禁止すべき行為と考えられます。児童ポルノ

の製造ということだけに着目するのではなく、児童福祉法違反という観点から処罰すべきです。

　既に児童福祉法34条1項においては、15歳未満の子どもに「かるわざ、曲馬をさせる行為」（3号）や「歌謡、遊芸その他の演技をさせる行為」（4号）を禁止していますが、これらの行為の多くは諾否の自由を有しない児童を見世物として金銭を得ようとするものであり、かかる行為は児童を著しく虐待するものであり許されないとして法律で禁止されています。幼児・小学生が半裸・水着姿で扇情的なポーズを取った画像を含む写真集を保護者その他の者が有償で販売すること、及びその目的で写真を撮影すること等についても、諾否の自由を有しない子どもを見世物にし、金銭を得ようとする点で、これらの行為と同様に児童を虐待するものであり、同程度に社会的に許されない行為であると考えられ、同様の規制をすることは必要かつ合理的であると考えます。

　そこで、児童福祉法34条を改正し、次の事項を禁止行為として追加することが必要です（最低限他の多くの条項と同様懲役3年以下の罰則とする）。

○満15歳に満たない児童の半裸あるいは水着その他これに類する衣服を着用した姿を被写体とした写真、映像を撮影し、あるいは販売、頒布する行為及びこのような行為をさせ、又は勧誘する行為。

　本要望については、私が代表を務めるNPO法人シンクキッズは、下記に記載する団体とともに、JKビジネスの規制と併せて、2015年10月21日に、国に対して要望書を発出し、要望いたしました（一般社団法人Colabo、公益財団法人日本キリスト教婦人矯風会、公益財団法人日本YMCA同盟、公益財団法人日本YWCA、ECPAT／ストップ子ども買春の会、アジアの女性と子どもネットワーク（AWC）、人身取引被害者サポートセンター ライトハウス、売買春問題ととりくむ会、ポルノ被害と性暴力を考える会（PAPS）、

第3章　家庭で、学校で、地域で、SNSで性虐待・性犯罪、児童ポルノ被害に遭う

ノット・フォー・セール・ジャパン)。

　さらに、着エロ（JKビジネスも）は、児童虐待であるということを法律上明らかにするため、児童虐待防止法2条2項（性的虐待の定義）に次の事項を追加することが必要と考え、その旨も国に要望しています。

○児童に名目のいかんを問わず撮影、接客、散歩、マッサージ、添い寝、会話その他の性的好奇心に応じたものと認められる業務に従事させること。

　また、わたしが東京都青少年健全育成審議会の委員であった折に、この旨提言し、東京都条例で係る行為を禁止する規定が条例上下記のとおり規定されています。ただ、残念ながら、地域が限定され、かつ、禁止する規定でくいため効果かあまりないことから、上記のとおり児童福祉法の改正が必要不可欠です。

東京都青少年育成条例18条の6の3

　第18条の6の3　保護者等は、児童ポルノ及び青少年のうち13歳未満の者であって衣服の全部若しくは一部を着けない状態又は水着若しくは下着のみを着けた状態（これらと同等とみなされる状態を含む。）にあるものの扇情的な姿態を視覚により認識することができる方法でみだりに性欲の対象として描写した図書類（児童ポルノに該当するものを除く。）又は映画等において青少年が性欲の対象として扱われることが青少年の心身に有害な影響を及ぼすことに留意し、青少年が児童ポルノ及び当該図書類又は映画等の対象とならないように適切な保護監督及び教育に努めなければならない。

2　事業者は、その事業活動に関し、青少年のうち13歳未満の者が前項の図書類又は映画等の対象とならないように努めなければならない。

3　知事は、保護者又は事業者が青少年のうち13歳未満の者に係る第1項の

図書類又は映画等で著しく扇情的なものとして東京都規則で定める基準に該当するものを販売し、若しくは頒布し、又はこれを閲覧若しくは観覧に供したと認めるときは、当該保護者又は事業者に対し必要な指導又は助言をすることができる。
4 知事は、前項の指導又は助言を行うため必要と認めるときは、保護者及び事業者に対し説明又は資料の提出を求めることができる。

―JKビジネスを法律で禁止する―

　JKビジネスについても上記のとおり子どもに対する性的搾取を公然と行っているのですから、条例でなく法律での禁止が必要です。
　風俗営業等適正化法では「18歳未満の子どもに客の接待をさせる行為」を禁止しています（22条）。JKビジネスが風俗営業に当たらないことをもって、同様の行為が認められていいはずはありません。子どもの福祉を害する行為として、児童福祉法で規制することが必要かつ合理的と考えます。
　そこで、着エロと同様、児童福祉法34条を改正し、次の事項を禁止行為として追加することが必要です（最低限他の多くの条項と同様懲役3年以下の罰則とする）。

○児童を名目の如何を問わず撮影、接客、散歩、マッサージ、添い寝、会話その他の性的好奇心に応じたものと認められるサービスを提供する業務に従事させ、又は勧誘する行為。

　JKビジネスに関する本規制については、上記「着エロ」の禁止と併せて、2015年10月に厚生労働大臣に法改正を要望しています。

第3章 家庭で、学校で、地域で、SNSで性虐待・性犯罪、児童ポルノ被害に遭う

(5) 抜け穴だらけの児童ポルノ対策の強化

―写真・映像と同程度に写実的なCG、漫画も規制の対象に―

　児童買春・児童ポルノ禁止法では、禁止される「児童ポルノ」の対象として、実在の児童を被写体としたものでない、コンピュータ・グラフィックスや劇画により児童が性交等している場面を描写した、写真やビデオと同程度に「性欲を興奮させまたは刺激する」ものが含まれていません。
　その理由として、このような描写は実在する児童がおらず、誰にも被害は与えていないことなどが挙げられています。しかし、このようなものを誰にも被害を与えないとは到底いえません。被写体は実在するこどもでなくとも、子どもを性的欲望の対象とするものであるということは同じであり、このようなものを楽しむのは個人の自由だとして、社会にまん延することを認めることは、児童ポルノを容認する社会であるということと何ら変わりません。写真であれ、コンピュータ・グラフィックスであれ、子どもを性的対象としたポルノを契機として性犯罪を犯すことは十分に考えられますし、前述のとおりそれを親がそれを子どもに見せて性的虐待を行うということは十分に考えられます。
　実際、奈良市小学1年女児殺人事件の犯人は「高校生のとき初めてロリコンアニメを見た。あれが忘れられない」と取り調べで話した（2005年1月20日読売新聞）と、1か月間で9歳から13歳までの女児5人を襲った40歳の男は同僚から見せられた小学生の女の子が性的暴力を受ける録画ビデオを見せられ、「これは俺がとったんだ」と言われ、「あのシーンが頭から離れない」「あのビデオ通りのことをやってみたかった」と逮捕後供述した（2005年3月23日読売新聞）と、熊本市3歳女児殺害事件の犯人の大学生の携帯電話には別の少女のわいせつな画像やイラストが保存され、自宅からはインターネット専用サイトで購入したとみられる少女を描いたわいせつな漫画を複数

押収したと報じられています（2011年8月8日熊本日日新聞）。また、児童ポルノの漫画を描いていた漫画家やその愛読者の男たち41人が子どもへの強姦、強制わいせつや児童ポルノ禁止法違反で宮城・埼玉両県警に摘発されるという「女児愛好団事件」が起こっています（2010年5月4日読売新聞）。

漫画を含む児童ポルノのまん延が、これらの事件の多発の一因であると考えるのが常識的な判断だと思います。少なくとも、子どもを性の対象とすることを容認・助長していることは間違いありません。

政府の実施した児童の性的搾取に関する世論調査（平成14年8月調査）でも、児童ポルノの単純所持を法律で規制することについて80.5％が賛成し、反対が9.0％で、絵画やイラスト等について被写体となる児童の権利を守る観点等から絵画やイラスト等を規制することについて76.2％が賛成で、反対が10.4％で、18歳以上の者でも18歳未満の者のように見える服を身に着けるなど児童の振りをしているポルノ画像を規制することについては、賛成が71.2％、反対が14.2％、となっています。

諸外国では、これらも禁止される児童ポルノの対象されています。アメリカとカナダでは、日本で制作された児童ポルノのアニメを所持していた男が起訴されそれぞれ有罪とされています。日本で制作されたものが外国では禁止されていながら日本では野放しなのです。

わが国でも、コンピュータ・グラフィックスや劇画により児童が性交等している場面を描写した、写真やビデオと同程度に写実的な「性欲を興奮させまたは刺激する」ものは禁止される「児童ポルノ」の対象とする必要があります。

なお、いうまでもありませんが、写真やビデオと同程度に写実的でないものは規制の対象外としますので、ほとんどの漫画が対象外となります。小児性虐待者以外の者にとって目をそむけたくなるようなもののみ禁止の対象となるのです。この点について、禁止に反対する人々は、漫画ドラえもんにでてくる静香ちゃんがお風呂に入るシーンも禁止しようとしているなどと反対

第3章　家庭で、学校で、地域で、SNSで性虐待・性犯罪、児童ポルノ被害に遭う

することがありますが、全くの言いがかりであり、ためにする議論といわざるを得ません。

なお、イギリスの刑事司法法160条では、「児童のいかがわしい写真又は疑似写真を所持する者は罪を犯したものとする」とされ、「疑似写真」とはコンピュータグラフィックスその他どのような方法で作成するかを問わず写真のように見える画像をいう（児童保護法7条）とされています（間柴泰治「日米英における児童ポルノの定義規定」（調査と情報第681号））。

―低年齢の児童の保護の拡大―

半裸ないしは水着姿の画像は児童ポルノ禁止法で違法の対象とされる「児童ポルノ」には含まれないと解釈されています。しかし、大人の女性のこのような画像であれば「ポルノ性」は低いといわれるのかもしれませんが、幼稚園や小学生が半裸や水着姿で性的なポーズを取らされた画像は、「児童の健全育成」を法律の目的とする児童ポルノ禁止法で禁止されるべき「児童ポルノ」そのものです。大人と共通の基準で「ポルノ性」が大きいか小さいかだけで判断すべきものではありません。

そこで、たとえば対象年齢を15歳未満と限定したうえで、違法とされる「児童ポルノ」の対象を拡大するなど、低年齢の児童をより保護される方向で法律を改正をするべきと考えます。

―年齢確認できないこどもらしくみえるポルノの規制―

次に、児童ポルノが公然と蔓延している大きな原因となっている問題があります。現行法の定義では児童ポルノが「18歳未満」の児童を対象としたものとされているため、警察が摘発するには被写体とされている子どもが18歳未満であることを立証する必要があるとされていることです。ところが、

被写体とされた子どもが何歳であるかということは通常は分からないものですから、医師の判断で第二次性徴の出ていない概ね12歳以下程度の子どもを被写体としているものしか警察は検挙することができません。そのため多くの児童ポルノと思われるポルノが、違法と確認できないという理由で放置されています。この点、諸外国は、児童ポルノにつき「子どものように見えるもの」なども含めて定義し、このような問題をクリアしています。わが国でも同様に定義規定を見直す必要があります。そうでなければ、仮に、児童ポルノの単純所持が禁止された場合でも、年齢の分からない多くの児童ポルノが違法かどうか判断できないこととなり、実態上は何も変わらないことになってしまいます。

　なお、わが国の調査でも、18歳以上の者でも18歳未満の者のように見える服を身に着けるなど　児童のふりをしているポルノ画像を規制することについては、賛成が71.2％、反対が14.2％（児童の性的搾取に関する世論調査（02年8月調査））となっています。

(6) SNSの利用から子どもを守る対策

　子どもに対する性的虐待はインターネットの普及により新たな方法で爆発的に増加しています。SNS、チャット、出会い系サイトを利用し子どもを連れだし性犯罪・凶悪犯罪を行う、児童ポルノの拡散・交換等を防止するため、インターネット、SNSを利用した犯罪行為について発信者を特定することができる仕組みの整備、性犯罪者、小児性虐待者が利用できないような仕組みの整備が必要です。

　フェイスブック社では、性犯罪者がフェイスブックを利用することを禁止し、性犯罪者のアカウントを見かけた場合には報告するよう求め、「性犯罪既決犯」（フェイスブック社のホームページ記載のまま）であることを確認出来たらただちにアカウントの登録を解除する、としています。ツイッターの

場合には、実名登録の必要がなく、性犯罪者や小児性虐待者等の排除はより困難と思われますが、[神奈川県座間市ツイッター利用女性多数殺害事件]に見られるようなツイッターを利用した大量殺人事件が起こっていることから、性犯罪者や小児性虐待者等が利用できないような仕組みを事業者と国が連携して整備していくことが望まれます。

(7) 常習的性犯罪者対策

　主に見知らぬ者からの性犯罪被害を防止する対策として、常習性犯罪者対策として、諸外国でとられている性犯罪者登録・情報提供制度の創設が考えられます。

　平成27年版犯罪白書によれば、性犯罪再犯率は13.9％で(定義は同書参照)、津山市、新潟市、三条市、奈良市などの事件の加害者は過去に子どもに対する性犯罪を犯していました（126頁参照）。しかし、わが国にはこのような常習的性犯罪者の再犯防止対策は、奈良市の事件以降刑務所内で矯正処遇が行われるようになったこと以外は子どもが再度殺人や強姦などの被害者となることを防止するための制度はなく、これらの加害者の再犯を防ぐ有効な対策はないといっていいのが現状です。

　アメリカではメーガン法という法律があり、性犯罪を犯して出所した者を登録し、監視する、インターネットで氏名・住所を公開する州まであります。

　日本では、新潟県三条市女児監禁事件の後、出所者情報が警察に通報され、警察が「遠巻き」に見守る制度が整備されましたが、法律に基づくものではありません。そもそも、日本では法律上出所者が出所後にどこに住むか報告する義務はなく、転居の際に転居先を報告する義務もありませんので、誰に知られることもなくどこにでも住むことができるのです。

　岡山市で女児を誘拐監禁した犯人や新潟県三条市事件の犯人が、出所後どこに住もうが警察に届け出る必要もなければ、子どもに対する性犯罪、殺人、

監禁などの犯罪を犯したことを居住地の警察にすら知られることもないのです。このような犯人はできるだけ長い間出所しないようにするべきだと思うのですが、日本の裁判は量刑が甘いため短期間で出所します。こんな男が出所してきた場合には、せめて警察に監視してもらわなければならないと、ほとんどの方がお考えだと思いますが、上記のとおり日本には性犯罪・子どもに対する犯罪を犯し出所した者を監視する法制度はないのです。

ちなみに、三条市女児監禁事件の犯人は懲役14年の判決でしたから、既に出所していると思われますが、この男は出所後居住地を警察にもどこにも届ける義務はなく、この男が進んで警察に届けたのでない限り、警察はどこに住んでいるかも知らないでしょう。こういう制度でいいのか、ということです。

そこで、一定の性犯罪・子どもに対する犯罪を犯した者は出所時に警察に住所を登録し、一定期間は転居などの届け出を義務付ける、さらに凶悪な子どもに対する性犯罪を犯した者に対しては必要な場合にはGPSで居場所を監視できるようにする、裁判所が子どもに近づくことの禁止を命じることができるようにするなどの内容の法律を整備することが必要と考えます（拙著「日本の治安」44頁参照）。

こういう意見に対しては、刑期を終え出所したのであるから罪はあがなったのであり、警察への住所の登録義務を課することは許されないとか、ましてやGPSを装着させることは重大なプライバシーの侵害で許されないという反対意見もあるかと思います。しかし、住所の登録やGPSの装着は、その者にいわれのない負担ではなく、子どもを性犯罪から守るという圧倒的に重大な価値からすればやむを得ない負担であると考えます（2009年9月5日毎日新聞には賛成論者の私と反対論者の大学教授の意見が「闘論」として掲載されています）。

この問題は、子どもを凶悪犯罪の被害から守るためにどの程度の負担を性犯罪前歴者に課することができるか、という問題です。これを、ただただ「加

第3章　家庭で、学校で、地域で、SNSで性虐待・性犯罪、児童ポルノ被害に遭う

害者の自由を侵害することは許されない」、「国家権力による性犯罪前歴者に対する行き過ぎた規制だ」等と紋切り型に有効な対策も示さず加害者側の利益に偏った考えにとらわれると問題の解決につながりません。国民には「犯罪被害に遭わない権利・自由」があり、ましてや、「子どもの命」という最大の価値を守るために、過去に子どもに重大な侵害を行った者にどの程度の負担を課することが妥当であるか、諸外国の立法例を参考にバランス感覚を発揮しながら、国民全体のコンセンサスを作っていくべき問題と考えます。

第4章

子どもが守られる社会とするための総合的な施策の提言

本章では、子ども虐待、いじめ、子どもに対する性犯罪、児童ポルノといった各問題について、法制度の不備、ゆがんだ社会風潮などの関連する問題点に触れながら必要な対策について述べることといたします。必要な対策は大きくは次の5点です。

1　各機関の閉鎖的体質を改め子どもを守るため連携してベストを尽くす
2　子どもを守るための法律を積極的に整備する
3　政治家、役人に子どもを守る施策を強く求める
4　子どもに冷たく、大人に甘い風潮、暴力や性の対象とする社会風潮を変える
5　子どもを最優先とする考え方を樹立し社会に根付かせる―子ども安全基本法の制定を

1 各機関の閉鎖的体質を改め子どもを守るため連携してベストを尽くす

　これまで各章でのべたとおり、子どもは、家庭では親からの虐待やネグレクトにさらされ、学校では同級生からのいじめや教師からの体罰、地域では非行少年からの暴力や子ども性虐待者からの性犯罪、SNSで見知らぬ男に誘われ、殺されるなどなど、家庭、学校、地域社会、ネットで様々な危険にさらされています。これらの被害を多重的に、複合的に遭っている子どもは少なくありません。非行少年グループに入っている子どもの中には家庭で虐待にあい、出会い系サイトを何度も利用して保護される少女は不適切な養育家庭で育ち、家出や深夜徘徊をして、犯罪に巻き込まれる子どもは虐待やネグレクト家庭の子どもたちが少なくないのです。また不登校事案の子どもたちの中には、親に監禁に近い扱いを受けている子どもたちもいます。また、いじめを行う児童生徒の中には家庭で虐待を受けている子どもが少なくないよ

うに思われます。

　このような立場にいる子どもたちを、児童相談所、学校、警察の各機関が、縦割りのままで、孤立して、虐待情報やいじめ、不登校の情報の共有も十分にはせず、連携しての活動もせず、案件を抱え込むだけでは、救えるはずの子どもの命も救うことなど到底できません。情報を共有し、家庭、学校、地域と子どもが生活する場を総合的にみて、子どもの置かれている状況をトータルに把握する、そして、各機関が連携してそれぞれの能力に応じてベストの対応をとって子どもを守っていくそれしかないのです。

　そのためには、児童相談所、学校、警察が情報を共有し連携して活動することが是非とも必要で、特に、児童相談所が排他的な体質を改めることが何よりも必要です。

2 子どもを守るための法律を積極的に整備する

　児童虐待の統計が取られ始めたのは1990年、警察が子どもの安全対策を主目標にしたのは1999年、出所情報の提供は2005年から、性犯罪者の矯正プログラムの実施は2005年とごく最近に過ぎません。

　児童虐待防止法、児童買春・児童ポルノ禁止法は1999年にようやく成立しましたが、これまでに述べたとおり、極めて不十分な内容であり、着エロやJKビジネスなど新たな形態の性的搾取への法規制なども必要です。また、常習的性犯罪者対策は全く手つかずのままです。学童保育施設の職員やベビーシッターの欠格事由もありません。誰でもこれらの業務に就くことができるのです。

　必要な法整備の主なものをまとめると次のとおりです。

○子ども虐待死ゼロを目指すための児童虐待防止法の改正
　・児童相談所と市町村、警察との情報共有と連携しての活動の義務付け

・一時保護の基準を法律に明記
○違法とされる「児童ポルノ」として次の対象を拡大する（児童買春・児童ポルノ禁止法の改正）
　　・写真・ビデオと同程度に写実的な漫画・CGで描いた児童ポルノ
　　・被写体とされた人物の実際の年齢は確認できないが児童らしくみえるもの
　　・15歳未満の児童の半裸等で性的なポーズをとったもの（「着エロ」）
○着エロ、JKビジネスを禁止するよう法律を改正する（児童福祉法の改正）
　　・親らが15歳未満の児童に半裸等の性的なポーズをとらせた写真等を撮影し、販売するなどの行為の禁止（「着エロ」の販売等の禁止）
　　・児童を性的な対応をさせる業務に従事させることの禁止（「JKビジネス」に従事させることの禁止）
○子どもを狙う常習的性犯罪者対策を規定する法律を新たに制定する
○子どもに接する業務から性犯罪者を排除する法律を新たに制定・改正する
　学童保育施設職員やベビーシッターなどに性犯罪歴のある者を就かせないための欠格事由の拡大、雇用主からの犯罪歴の調査に回答する制度など

3 政治家、役人に子どもを守る施策を強く求める

―子どもを守ろうとしない政治家を選ばない―

　児童相談所や市町村と警察の情報共有は、知事や市町村長の判断でできます。10府県や多くの市町村では、知事や市町村長の判断で警察と全件共有が実現しています。第1章記載のとおり、愛知県の大村知事は、役人の警察と虐待案件を共有しない理由の説明を聞き、その対応が子どもの安全を優先しないものとして退けられ、直ちに子どもを守るため全件共有を実現していただきました（78頁参照）。

しかし、私が要望書を提出、あるいは直接面談してお願いした知事や市長でも、応じていただけない方は少なくありません。他機関の関与を嫌う役人の不合理な説明を真に受け現状維持を願う役人の側に立つのか、役人の説明の誤りを指摘しリーダーシップを発揮して他機関との連携を指示して子どもを守る側に立つのか、政治家としての見識の違いだと感じています。

　子どもを守る側に立たず、役人の側に立ち、いつまでも子どもを守ろうとしない政治家は、住民が選ばないようにするしかありません。しかしながら、日本では、マスコミがさほど問題だと報じないこともあり、また、そもそも無関心で、このような知事・市長の姿勢を問題視されることはあまりありません。そこで、知事・市長も安心して役人の側に立っているのです。

　子どもを守るよりも部下である役人を守るような知事や市長を何の問題意識もなく、選挙で選んでいる、そのことが子ども虐待問題が一向に解決しない大きな理由の一つです。国会議員についても同様です。主権者である国民が、政治家に子どもを守る施策をとることを強く求め、子どもを守ろうという意欲のない者を政治家として選ばない、という意思表明が必要です。

―怠慢な役人の責任追及の制度を整備する―

　子どもを守るためにとるべき活動をしなかった職員に対しては、厳しく責任を追及する必要があります。しかしながら、児童相談所が警察と情報共有し連携して対応していれば、子どもが殺されずにすんだはずの事件でも、それに責任のある児童相談所の職員は懲戒処分すら受けていないことがほとんどです。少なくとも責任に応じた懲戒処分は課さなければなりません。

　次に、民間人であれば業務上過失致死傷罪として刑事責任が追及されているのに対して、児童相談所職員が刑事責任に問われたことは私が知る限りありません。幼稚園で３歳の園児がプール遊び中に溺死した事件で担任教諭が業務上過失致死罪有罪判決が出され（2014年３月横浜地裁）、障害者支援施

設で送迎車にとり残された知的障害のある男性が6時間放置され熱中症で死亡した事故で、職員ら3人が業務上過失致死罪で書類送検され（2018年1月埼玉県警）、高齢者施設での火災により高齢者7人が死亡した事件で運営会社の社長に業務上過失致死罪で有罪との判決が出されています（2017年7月札幌高裁）。子どもや障害のある方、高齢者は危険に遭いやすい、自ら危険を避けることが困難であることから、その保護活動に従事する者には高度の注意義務が課せられ、それを怠り死亡等させた場合には業務上過失致死傷罪に問われます。

児童相談所が本来保護すべきである子どもを保護せず、死傷させた場合も当然に当たりえますが、私の知る限りこれまで立件されたことはありません。民間の方に対する厳しい責任追及と比して違和感を感じます（アメリカでは児童保護部局の職員が怠慢で子どもを救えなかった場合には刑事責任を追及されていることについては80頁コラム参照）。

最低限の責任の取り方として、児童相談所や監督する知事・市長は、救えたはずの子どもの命を救えなかった事件を引き起こした場合には真摯に反省し、それを貴重な教訓として有効な再発防止策を講じることが当然に必要です。しかし、高知県や大分県が自県で起こった虐待死事件を教訓に警察等関係機関との全件共有と連携しての対応に取り組んだ以外は、このような責任を自主的にとったところはないのではないでしょうか（岡山県は全件共有ではありませんが関係機関の情報共有は進めました）。東京都に至っては、[事件2葛飾区愛羅ちゃん事件]、[事件9足立区玲空斗ちゃん事件]、[事件4目黒区結愛ちゃん事件]と立て続けに、救えるはずの命を救えなかった事件を引き起こしても、私どもから要望を何度も受けても、有効な再発防止策を講じようとしません。

このような有効な再発防止策をほとんどとろうとしない理由として、既述の国民やマスコミの問題意識が弱いということのほか、法律上、役人に対する不作為に対する責任追及の制度がないことがあげられます。株式会社の取

締役や国立大学法人の理事らには、会社法、国立大学法人法などで善管注意義務が課せられ、それに懈怠して損害を与えた場合には、作為でも不作為でも損害賠償責任を負うこととされ、株式会社の場合には株主代表訴訟制度があり株主からも追及されます。しかし、国や自治体の役人には、幹部であってもこのような責任はありません（業務上過失致死傷罪などの適用はあり得ますが、役人の責任追及は薬害エイズ事件等極めてまれです）。何もしなくても責任が追及されることはまずないのです。安心して不作為に走ってしまうのです。

　私は、弁護士として、企業のコンプライアンス・リスク管理の分野を取り扱っていますが、最近の企業のこの分野の取組みの進展には目を見張るものがあります。自社の事故・不祥事はもちろんのこと、他社の事故・不祥事についても大いに関心を持ち、再発防止対策を講じています。その理由として、上記の会社法に基づき役員に対して善管注意義務違反が問われることになるとともに、遺族・マスコミ・捜査機関・株主による厳しい追及がなされることがあります。企業の役員には緊張感があるのです。

　防ぐことができた事件が起こった場合には必ず再発防止策をたてるという当たり前のことがほとんど行われていない子ども虐待の分野で、当たり前の再発防止策を立てさせるには、担当する役人、監督する役人や知事・市長に、やるべきことをやらない、当然講ずべき再発防止策を講じない場合には、株式会社の取締役と類似した義務違反が成立するとして責任を負わせる制度を整備し、緊張感を持たせて業務に取り組ませることが必要と考えます。ここまで長年続く不作為を改めさせるには、法律の整備が必要と考える次第です。

4　子どもに冷たく、大人に甘い風潮、暴力や性の対象とする社会風潮を変える

　わが国の根本的な問題は「子どもは親の所有物」との意識が強く残り、また、

子どもの安全、子どもの最善の利益の確保よりも、大人の欲望、利益を優先させるわが国の社会の在り方です。子どもに対して厳しく自分たち大人に甘いわが国社会の風潮です。このような社会風潮を改めなければ、子ども虐待や子どもを狙う性犯罪なども改善に向かうことはありません。

　わが国では、一般国民や学校、スポーツ指導者の中にも、しつけと称して子どもに対する暴力を容認する、学校やスポーツの場でも指導の一環だから体罰も許される、組体操など実施する必要がないにもかかわらず危険な競技を子どもに強制することも許されるとするなど、子どもを暴力の対象とし、あるいは危険な活動を強制することを容認する社会風潮はかなり存在しています。

　また、子どもに与えられるべきものは何かということについてわが国の一般国民の意識は他の先進諸国に比べて大幅に低いという調査結果が出ています（阿部彩「子どもの貧困」）。子どもに与えられるべきとする生活水準がわが国では一般国民のレベルでも低すぎ、子どもに厳しいというか無関心なのです。虐待により親から分離された子どもの多くは児童養護施設に入所することになります。しかし、児童養護施設の設備は劣悪で、そこでの子どもの生活は家庭で育てられている子どもに比べて劣悪です。しかし、施設に入っている子どもは一般家庭の子どもより待遇が劣っていても当然だ、支援する学用品や衣服は使い古しでもありがたいと思うべきだ、という気持ちが日本には強いと思います。しかも、児童養護施設では18歳までしか入所できず、施設を出てからは子どもは一人で生きるしかないのが実情です。しっかりした親がいる家庭の子どもでも18歳で一人立ちすることができる子どもはほとんどいないでしょう。これほど虐待を受けた子どもに冷たい制度はないでしょう。

　さらに、最近では、保育所の設置に対して「子どもの声が騒がしい」などと地域住民が反対し開所させない、開所した場合には損害賠償請求訴訟を起こす、あるいは子どもが公園で遊ぶ声を「騒音」だとして訴訟を起こすなど

第4章　子どもが守られる社会とするための総合的な施策の提言

の事案も起こっています。また、2018年10月には東京都港区が児童相談所の設置について住民説明会を開催したところ「超一等地にそういうもの（児相）を持ってくると港区の価値が下がる」、「DV被害者の子が近くの小中学校に登校する可能性はあるのか」、「施設の子どもたちの散歩地域を教えてほしい」などの意見・質問が出され、ある住民は取材に対して「土地の価格が大きく下がるリスクがある。不動産所有者が大きな被害を受ける」と主張したなどと報じられています（2018年10月28日毎日新聞）。まさに「子どもに冷たい」社会風潮といわざるを得ない状況が露わになっています。

　このような社会風潮を背景として、

> ○「子どもに冷たく、大人（親）に甘い」児童相談所や裁判所の判断・姿勢
> ○弱者より強者を優先する法制度、声をあげれない子どもの立場を代弁しない
> ○子どもの安全や最善の利益を犠牲にしてまで、大人の権利を声高に主張する

等が顕著にみられ、子どもたちが、立法府や行政、司法、国民、企業を含め社会全体から守られない状態が続いています。

(1) 児童相談所に際立つ「子どもに冷たく、大人（親）に甘い」姿勢

　既に述べたとおり、多くの児童相談所は、子どもに傷があっても親が否定すれば、子どもが「親からたたかれた」と証言しても親の言い分を信じ「虐待ではない」と判断する、「親との信頼関係が優先」などという名目で、虐待親が面会を拒否すればあっさり引き下がる、子どもが危険な状況にあっても親の反対を押し切ってまで子どもを保護しない、虐待親が嫌がるという理由で警察と情報共有しない、など虐待親に極めて甘い対応を続けています。その結果、児童相談所が知りながらみすみす子どもが虐待死に至る事案で

218件に上ります。子どものことなど眼中にないかのごとくです。気にするのはただ大人である虐待親の意向だけという有様です。虐待されている子どもより虐待親の側に立っていることが明らかで、「大人に甘く、子どもに冷たい」姿勢が際立っています。

　また、児童相談所が警察との連携に否定的な理由として、警察に連絡すると親をすぐ逮捕してしまうということを聞くことがあります。必要のない事件での逮捕など警察も他の業務でアップアップの中そんな余裕もありませんし、そもそも裁判官の令状は出ませんし、警察から事件を受理する検察庁との関係からもそんなことはできるわけがありません。そもそも虐待事案については、警察は子どもを守り、救うことを最優先とし、虐待死させられて刑事事件とせざるを得ない段階で対応するのではなく、関係機関と連携して親への指導・支援で解決することが望ましいという方針です（これはストーカー事案でも同様です）。捜査は警察の役割の一部にすぎず、警察の最大の責務は個人の生命、身体の保護であり（警察法2条）、中でも最も弱く、最も守られるべき子どもを虐待や犯罪から守ることが最優先の役割です。情報共有し連携して活動する目的はあくまで子どもを虐待から守り救うことにあり、親に対しても可能な限り指導・支援で臨むこととし、刑事事件化が目的ではありません（19頁参照）。東京都などの児童相談所は警察のみならず他の職種の業務や役割をもっとよく理解し、子どもを守るという目的のために効果のあるベストの取組みは何かということに思いをいたせば、イギリスやアメリカ、高知県や大分県、埼玉県のように、警察を含む多くの機関と情報共有の上連携して取り組むことが必要なことは自明と分かるはずです。

　虐待親の刑事責任については、児童相談所の少なからずの職員は子どもが殺されでもしない限り追及されなくてもいいのではと考えているように感じます。性的虐待の事案でも警察に連絡しない児童相談所は少し前までは多くありました。軽度の虐待事案で、親が虐待をやめることがかなりの割合で期

待できる場合にまで、親の刑事責任を追及する必要があるとは思いません。関係機関が子どもの安全を確認しつつ、親に虐待をやめさせるための指導・支援に努めればいいと思います。しかし、子どもの命に危険がある場合や性的虐待の場合、それなりの傷を負わされている場合まで、親は刑事責任を追及されなくていいということはありえません。これこそ「子どもは親の所有物」「煮て食おうが焼いて食おうが親の勝手」を地で行く考えです。その結果、骨折させられた乳児について警察に連絡をせず、家に戻してしまい親に殺害されるという［事件5 千葉県市原市貴大ちゃん事件］のような事件を数多く引き起こしているのです。

　そもそも、虐待を受けている子どもにとって、親の刑事責任が追及されることには大きな意義があるとされています。日本弁護士連合会子どもの権利委員会「子どもの虐待防止・法的実務マニュアル（第4版）」（222頁）では次のように説明されています。

　　虐待を受けた子どもにとって刑事手続きのもつ意味として、①物理的な安全の確保—刑事事件として立件され、虐待を行った親らが逮捕されるなど身体を拘束されることにより、事実上親子分離が図られ、子どもの物理的な安全を確保できる。②心的回復のひとつのきっかけ—虐待を受けた子どもたちは、守ってもらえるはずの親らから虐待行為を受けてきたのであり、程度の差こそあれ皆心的外傷を負っているといえる。また、それまで『お前が悪いから』『おまえがちゃんとしないから』などと叱責され続けたことにより、あたかも虐待を受けるのは子ども自身に問題があると思い込まされて自己評価が低くなってしまっている場合も多い。さらに、自分が虐待の事実を外部に話したことにより、家族が崩壊してしまったと自責の念に駆られる場合（特に性的虐待のケースに顕著である）もある。
　　親らの虐待行為が犯罪行為であることを公正な機関である裁判所において明らかにし、虐待を行った親らが刑事罰を受けることにより、子ども自身、

> 自らが悪いわけではないと理解することは、虐待を受けた子どもたちが負っている心的外傷を癒すひとつのきっかけになりうる。

 また、イギリスでは、警察が捜査した虐待事件について検察官が不起訴とすることも少なからずあるわけですが、検察官の消極的な姿勢については警察官のみならずソーシャルワーカーの間でも不満が多いとされています。その理由として、不起訴という決定がなされると虐待者がそれにより自分が無罪であるとのお墨付きをもらったように感じ虐待が悪化する可能性がある、刑事裁判によって有罪判決を得ることによって虐待者にマーキングができその後に何らかの問題が発生した場合にも迅速な対応が可能になる、社会的にも児童虐待が犯罪であり許されない行為であることを明確に示すことができ、虐待を躊躇させる要因となりうる、ということが挙げられるとされています（峯本149頁）。

 虐待親の刑事責任の追及は、問題解決に大きな意義を有するものなのです。虐待問題に取り組む弁護士はかなりこの点に理解があります。しかし、児童相談所関係者の中には、親の刑事責任の追及に頭から否定的で、その結果、警察との連携も頭から否定している人が少なくないように感じます。しかし、何度も指摘しているように、警察の最大の目的は子どもを虐待から守り救うことであり、児童相談所との情報共有と連携もそのためのもので、刑事事件化が目的ではありません。悪質・重大な事案を事件化することは当然で、被害児童のためにもなることであり、これすら否定的に捉えることこそ子どもより親にあまりに偏った考えです。子どもの安全確保のためにどう対応するのが最善かという立場に立ち、自分たちの職場以外の専門職種や一般国民の常識、先進的な他国の取組み等様々な知見を参考に、独善に陥ることなく、判断してほしいものです。

 なお、教師の児童生徒に対する体罰を警察に通報せず、内輪の対応ですましている学校にも、児童相談所と同じ体質があります。

(2) なぜ裁判所はそこまで子どもよりも大人の事情に配慮するのか

　次に、「大人に甘く、子どもに冷たい」のが裁判所の判断です。既に述べたとおり、子どもに対する凶悪な犯罪を犯した大人の加害者に対して、その事情を過剰に考慮して甘い判決が出されることも珍しくありませんが、特に、児童虐待事案では、残虐な方法で虐待死や餓死に至らしめても、親の事情を考慮して軽い判決が少なくありません。このような判決は「子どもは親の所有物」という考えを裁判官が有しているのではないかとすら思えます。

　他人の子どもを殴り殺したり、餓死させたりすれば、厳罰に処せられるのに、自分の子どもならなぜ罪が軽くなるのでしょうか。どう見ても死んでも仕方がないと思っていたのではないかという事案でも、親が殺意はなかったといえば、殺人でなく傷害致死や保護責任者遺棄致死罪で起訴されます。判決も、何の罪もなく無残に殺された子どもよりも、加害者である大人の事情を過大に評価し、その行く末を心配し、求刑より軽い判決を下している、というのがわが国司法の現状です。

　拷問としかいえないような虐待を加え、子どもにすさまじい苦しみと恐怖を与えた末に虐待死させた事件に対して、次のような判決が出されています（いずれも裁判員裁判）。

- 父親と母親が2歳の長男に対して、洗濯機やオーブンの中に入れスイッチを押したり、たばこの吸殻や芳香剤を食べさせたりするなど日常的な虐待を加え続けたあげく、ゴミ箱に閉じ込めて窒息死させた事件について、父親に対して懲役11年（求刑12年）、母親に対して懲役7年（求刑10年）の判決（東京地裁平成20年2月18日判決、同年3月26日判決）
- 父親と母親が5歳の長男に対して、十分な食事を与えず、治療も受けさせず餓死させた事件について、父親と母親にそれぞれ懲役9年6月（求刑10年）の判決（奈良地裁平成23年2月10日判決、同年3月3日判決）
- 母親が5歳の長女に対して、日常的な虐待の末に、首に7キロものペット

ボトルをかけさせ、動けないように縛り立たせ、女児が苦しみのあまりもがいて心臓が破裂して死亡した事件について、母親に対して懲役6年（求刑10年）の判決（福岡地裁平成23年1月21日判決）

本来子どもを愛護すべき親が、このようなすさまじい拷問により何の落ち度もない、抵抗できない子どもを殺害しながら、この求刑は軽すぎると感じます。暴力団員のリンチ殺人でもこれほどの残虐な行為はほとんど聞いたことがありません（ちなみに暴力団員の殺人ではもっと重い刑が科せられます）。

自分の子どもがこんな拷問により殺されたとしたら、親は犯人を死刑とするよう裁判官・裁判員に求めるでしょうし、裁判官・裁判員も「もっともだ」と判断するのではないでしょうか。他人の子どもにこんな拷問をして殺害したら、死刑あるいは無期懲役判決が出されるのではないでしょうか。ところが、子どもがその親に殺された場合には、親の事情をこれでもかこれでもかというほど考慮し、量刑を軽くしています。

また、乳幼児を殴り殺しても、餓死させても、親の事情を考慮して執行猶予とする、父親の虐待死を母親が止めなくともDV被害を受けていたら無罪とする、パチンコに熱中し、炎天下の車内に残した子どもを熱中死させた親を起訴猶予とするなど親への刑事責任の追及が甘い事例が少なくありません。

静岡地裁沼津支部では、父親が生後1カ月の乳児を殴り殺した事件でも、父親は連日の深夜勤務と持病があったなどとして懲役3年執行猶予5年の判決が出されています（平成15年4月10日）。広島高裁岡山支部では、岡山県倉敷市で11歳の女児が母親に食事を与えられず餓死した事件で、保護責任者遺棄致死罪に問われた母親に一審の実刑判決を破棄し、懲役2年4月・執行猶予4年の判決を言い渡しました（平成16年1月28日）。

子どもを殴り殺したり、餓死させたりして、親に事情があるにせよ、刑務

所に入らなくてすらいいというのは、殺された子どもより殺した大人の事情に配慮しすぎではないでしょうか。子どもはすさまじい恐怖と苦しみの中で殺されているのですよ。

　他人の子どもを殴り殺す、あるいは餓死させたりすれば（このような事案でも加害者には何らかの事情はあるわけです）、さすがに厳罰に処せられるのですから、自分の子どもを殺した場合も、たとえ親に事情があるにせよ、それと同レベルの刑が科せられるべきでしょう。親の子どもに対する責任からして、他人の子どもを殺した場合より自分の子どもを殺した場合の方が悪質であるとも考えられます。自分の子どもを虐待死させた親の罪がこんなに軽い理由は、「子どもは親の所有物」「煮て食おうが焼いて食おうが親の勝手」という考えを裁判官（裁判員も含めて）が有しているからとしか考えられません。

　また、既に述べたとおり教師による体罰、セクハラ等の行為により学校が課した解雇等の懲戒処分が訴訟で争われた場合、裁判所は学校の課した処分を取り消すことが少なくありません。事実誤認であればともかく、そのような事実を認めながら解雇等の処分は厳しすぎるという判決が目立ちますが、このような判決も、大人に甘い裁判所の判断の一例といえると思います。

(3) 根強い弱者より強者を優先する思想・法制度、声をあげれない子どもの立場を代弁しない

　日本の子どもなどの家庭内の弱者保護に関する法制度は、弱肉強食、強者である親、夫の実質的な支配力を認める考え方に基づいており、甚だ貧弱です。東北大学法学部の水野紀子教授は、著書の中で次のように述べておられます。

「欧米諸国では、子の奪い合いのみならず、扶養料請求等についても伝統的に刑事罰が活用されてきた。つまり家庭内における弱者保護のために必要とあれば刑事罰の脅しをもって国家が積極的に介入することは、憲法の人権擁護の要請に合致するものと理解される。

　これに対して日本においては、戦前の状態への警戒心から、憲法は主に国家権力からの自由の保障として機能し、家族内への国家介入については、それを否定する論拠とさえされる。児童虐待に関しても、欧米諸国では、国家が有効な救済を行わないことは、人権を守る任務を負う国家の憲法違反として、その責任が問われる。日本においては、児童相談所は、通報される虐待ケースに対応しきれない状態であり、多くの子どもたちは虐待される家庭の中に放置されているが、そのことの国家責任は問われない」（水野紀子「児童虐待、配偶者間暴力、離婚」所収「児童虐待の防止」町野朔・岩瀬徹（編）有斐閣刊）

　戦後一貫してこのような家庭内の弱者を守る法制度は貧弱でしたが、2000年にストーカー規制法、DV防止法、児童虐待防止法が相次いで成立しました。ストーカー規制法が成立した当初は、警察がストーカー事案に対応することについては男女間のことや家庭内のことだから警察は介入するべきでないという意見が、2000年当時は、学者や弁護士の中にありました。しかし、今は全くありません。それは、学者や弁護士が、家庭内のことに警察が介入すべきでないなどというと、被害女性が「なんてことを言うのか、私たちを見殺しにするのか」と抗議するからです。命の危険にさらされている女性が、警察には助けてほしくないなどというわけがないからです。被害女性が大人であり、自分で声を上げることができるからです。それで、このような学者や弁護士も「警察は介入すべきでない」ということを言うわけにいかず、黙るようになったわけです。

　ところが、子ども虐待の場合は、子どもが声を上げることができないことから、今でも、学者や弁護士が、警察が介入すべきでないなどと主張し、児

▼

第4章　子どもが守られる社会とするための総合的な施策の提言

童相談所も警察との連携をこれまでずっと拒否してきています。

　もし、子どもが声を上げることができれば、訴えることができれば、「とんでもないことを言うな」と怒ることでしょう。こういう人々の意見は、突き詰めると、警察が家庭内の子どもを救うよりも、見殺しにする方がいいといっているようなものですから。子どもたちが、こういう事実を知り、声を上げることができれば、「警察にでも誰にでも救ってほしいのだ」と訴えるに違いありません。大人の訳の分からないイデオロギーで、自分たちを子どもたちを見殺しにするな、と訴えるに違いありません。

　日本のこれまでの法制度は、強者（大人）にやさしく、弱者（子ども）に冷たい制度です。声のあげることができない子どもを代弁して、子どもの最善の利益のために法制度を作らなければなりませんが、そのような主張をしてくれるはずの学者や弁護士が反対に回る、大人の利益を主張する、というのが我が国の実情です。

(4)「大人の人権」を名目に児童ポルノ規制に反対で一致する一部政党・弁護士会と企業

　児童ポルノの単純所持の禁止（罰則つき、以下同じ）は、私どもが十数年要望活動を行ってきましたが、一貫して反対したのが民主党（当時）、日弁連です。その理由は「冤罪の危険がある」ということでした。私が民主党の会合に説得に行ったさいも、民主党の議員からは「庭に児童ポルノを投げ込まれたら警察は逮捕するだろう。冤罪が生まれる」と言われました。私は呆れて、そんなことだけで裁判官が逮捕状を出すわけがなく、警察が逮捕するわけもないし、そのようなことを理由とするのなら違法薬物でも、わいせつポルノでも起こりえますが、それにも反対するのですか、と説得しても理解を示そうとしませんでした。平成21年6月26日、衆議院法務委員会で児童買春・児童ポルノ禁止法の改正案の審議において、自民党・公明党が提出し

た児童ポルノの単純所持を禁止する案に対して、民主党の枝野幸男議員はやはり単純所持の禁止は冤罪の危険がある旨主張していました。

私は単純所持の禁止の改正を求める署名活動の呼びかけ人をしており、当日他のメンバーと法務委員会に傍聴していました。冤罪の問題は大きな問題ですが、それは刑事司法全体の在り方の中で検討されるべきもので、児童ポルノの単純所持の禁止と離れて議論すべきですし、児童ポルノの単純所持の禁止をしなければ冤罪の問題が解決するわけではないでしょう。冤罪はあらゆる犯罪に関して起こりうるものですから、この理屈を進めるとあらゆる犯罪―殺人や強姦、身代金誘拐も含めて―は廃止すべきということになってしまうでしょう。

子どもを守る立場のはずの日弁連内の「子どもの権利委員会」も最後まで反対しました。民主党と同じ「警察が不当逮捕する危険性がある……」(日弁連子どもの権利委員会副委員長川村百合弁護士)という理由です(2014年5月19日毎日新聞)。「子どもの権利委員会」を名乗るグループが、どうしてこのような理由で単純所持の禁止に反対するのか、子どもよりも大人が大事ということなのか、子どもを守るよりもイデオロギー優先ということなのか分かりませんが、到底理解できません。

さらに、2014年6月5日日本雑誌協会、日本書籍出版協会は「表現者・創作者を萎縮させ、出版文化のみならず、自由な表現を後退させる」との反対声明を出しました。日本ペンクラブも、3月17日「単純所持の禁止、販売や流通の関係者にまで及ぶ罰則規定とその厳罰化等は、近年の社会に影を落としている報道・出版への圧迫を尚一層加速させるものとし、表現活動に携わる私たちに強い危機感を抱かせます」「従来のルールを逸脱した表現物から子どもたちを守ることは現行法制度によって可能」「自由に開かれているべき子どもたちの未来が言論表現規制によって不条理に抑圧されることのないよう」などと反対しています。

表現の自由を反対の理由としているようですが、この人たちは被写体とさ

れた多くの子どもたちの耐えがたい苦しみを知っているのか、知っていてこんなことを言っているのか、自分の子どもが被写体とされ多くの人がそれを楽しみ子どもが苦しんでいても「それは表現の自由だから仕方ないんだよ」と自分の子どもに言うのか、子どもの耐えがたい苦しみを容認し、子どもに犠牲を強いなければ、表現の自由は損なわれるのか、こんなことを主張している出版業界や（エロ本会社でない）大手出版社、作家団体は世界にあるのか、作家や出版社に勤務している者は本当にこんな考えなのか、要は児童ポルノやそれに近い本が売れなくなることが困るという意図ではないのかなどの疑問がわいてきます。

　児童ポルノの被写体とされた子どもの側に立つのか、児童ポルノを楽しむ大人の側に立つのか、イデオロギーや経済的利益など理由は色々あるのでしょうが、そのようなものより「子どもの最善の利益」を優先させるという考え方に立ちさえすれば、どちらの側に立つべきか明らかです。「人権」を唱える勢力（「人権」といっても「大人の人権」ですが）と経済的利益を獲得しようという企業との奇妙な一致が生じています。

5　社会風潮を変えるため子ども最優先の原則の樹立、考え方の確立

　児童の権利条約第3条では「児童に関するすべての措置をとるに当たっては、公的若しくは私的な社会福祉施設、裁判所、行政当局又は立法機関のいずれによって行われるものであっても、児童の最善の利益が主として考慮されるものとする。」とされていますが、わが国では、上記4のとおり、子どもに冷たく、大人に甘い風潮、暴力や性の対象とする社会風潮があり、そもそも「児童の最善の利益」など考慮されていません。その結果当然ながら、子どもが守られるために必要な法律がほとんど整備されていないことは既に述

べたとおりです。警察や行政機関は法律に基づいて活動します。現在の法体系では、子どもの安全は全く確保できないのです。

　子どもは、最も愛されるべき、守られるべきものでありながら、最も弱く、最も傷つけられやすく、家庭内での虐待では自分で助けを求める声もあげられません。そこで、社会が、国が守らなければなりません。そのためには、子どもを守るための抜本的な法律の整備が必要です。そこで、子ども虐待や子どもに対する性犯罪、児童ポルノ問題、体罰など個々の問題への対策と併せて、社会が子どもを守るための抜本的な法律を整備することにより、国民の子どもの安全・幸せに対する意識を高め、社会の根本から子どもを守る制度を整備していくことが必要不可欠と考えます。

　そのために子どもの安全を優先することを国、自治体、企業の活動の原則とする「子ども安全基本法」の制定が必要であると考えます。

―子どもの安全を優先することを国、自治体、企業等の原則とする―

　日本は子どもの安全に対して無頓着な国です。というよりも、子どもを暴力や性の対象とすることを実質的に容認し、「子どもは親の所有物」「煮て食おうが焼いて食おうが親の勝手」という意識が根強く残っている社会風潮があります。これまで述べたように、国は、児童虐待、児童ポルノ、子どもの性的搾取やいじめ、通学路での犯罪やインターネットを利用した犯罪から子どもを守る法制度の整備にほとんど関心がありません。私が法制度の整備につき要望書を提出したものだけでも、
・児童相談所と警察との情報共有等を義務付ける児童虐待防止法の改正
・着エロ、JKビジネスを規制する児童福祉法の改正
・所在不明児童を速やかに発見・保護するための法改正
・子どもの死因検証制度の整備
などありますが、無視されたままです。

虐待に直接対応する自治体では、児童相談所や市町村の担当部局に必要な人員を確保せず、多くの児童相談所は警察との情報共有すら連携しての活動も拒否しています。学校でのいじめについても不適切な対応をして子どもの自殺をいつまでも防ぐことができません。既に述べたように学校での柔道や水泳での事故は多発していますが、有効な対策は取られていません。

企業活動でも、コンビニではポルノ雑誌が普通に売られ（イオン系のミニストップを除く）、エロチックな内容の漫画が子ども向けの雑誌に掲載され、「着エロ」と呼ばれる小学校低学年の子どもが性的なポーズをとらされた写真集が販売される、大手プロバイダ数社がそのような写真を販売し、報道されるとあわてて中止するという事案も起こっています（2008年9月29日読売新聞）。

さらに、国民の中からも、既述のとおり、保育所や児童相談所の設置に（変な言い方ですが）正々堂々と反対するという動きまででてきています。ひと昔前はこのような動きはありませんでした。

国、自治体、企業、国民あげて、子どもの安全や利益に関心がない、子どもの幸せよりも大人の自分たちの利益を優先させて恥じるところなし、という実態にあるのです。まさに、「子どもに冷たく大人に甘い」社会風潮といえ、改善されるどころかむしろ強まっているのではとすら感じます。

そこのようなわが国の社会風潮は根深いものがあり、「子どもを守りましょう」などとお題目を唱えるだけでは何ら変わりません。国、自治体、企業、国民は、子どもの安全と子どもの最善の利益の確保に十分に配慮して活動しなければならないという原則を「子ども安全基本法」とでもいうべき法律で定め、それに向けて具体的な活動に取り組むという仕組みを作る必要があると考えます。

そして、国民は、国、自治体、企業等の団体が子どもの安全や子どもの最善の利益に配慮せず、そのために子どもに危険ないしは無視しえない不利益が生じていると考えるときには、新たに設置する子どもの安全と最善の利益

を確保するための機関に通報することができ、当該機関は調査し、問題があると認められる場合には是正を命ずることができる、という制度を設けるべきではないでしょうか。同様の仕組みとしては、消費者安全法(23条から30条)に規定されている消費者事故調査委員会があり、子どもの幼稚園、保育所等におけるプールや水遊びでの事故を分析し、再発防止策を提言するなど大変有意義な活動をしています。

　このくらいしないと、子どもの安全や子どもの利益の確保に鈍感な国、自治体、企業等の活動により子どもが危険にさらされるという事態は改善しないように思います。

　そして、このような法律の制定により子どもの安全や子どもの最善の利益を優先するという考え方が日本の背骨にびしっと入ることによって、子どもを暴力や性の対象とすることを容認しない、子どもは決して親の所有物ではない、保育所や児童相談所など子どもの利益のための施設の設置には協力する、という社会風潮となり、子ども虐待や性犯罪、いじめなどの問題も改善に向かうのではないでしょうか。

第4章　子どもが守られる社会とするための総合的な施策の提言

さいごに　提言——子ども安全基本法の制定を

　以上のとおり、国会が「子ども安全基本法」を制定し、それを受けて政府が「子ども安全基本計画」を策定し、関係法律の整備、必要な予算措置等を講ずることにより、確実に子どもの安全を確保するための社会としていくことが必要と考えます。

　このようなやり方で成功している取組みとして、犯罪被害者問題があります。犯罪被害者は長い間、必要な経済的支援も受けられず、刑事司法からも排除されるなど極めて精神的・経済的に困難な立場に置かれていました。こうした問題を改善するために、平成16年、犯罪被害者等基本法が制定されました。この法律に基づいて犯罪被害者等基本計画を政府が策定し、それを受け関係法律の整備、必要な予算措置等を講ずることとされています。

　わたしは、全国犯罪被害者の会（あすの会）の顧問弁護団の一員、副代表幹事としてこのような取組みにささやかながら関与しましたが、基本法が制定されたことにより、犯罪被害者のために必要な施策が総合的、計画的に進められるようになっています。

　子どもの安全確保のための施策を総合的かつ計画的に推進するためにも、これと同様の方法が必要でかつ効果的と考えています。そこで、以下では、わたしの考える子ども安全基本法と子ども安全基本計画について述べることとします。

1　子ども安全基本法の概要

　子ども安全基本法の概要は次のとおりです。
　子どもの安全を確保することを国、自治体、国民、企業等の責務とし、これまで述べてきた子どもに対する犯罪、子ども虐待、児童ポルノをめぐる問題状況を踏まえ、国及び地方公共団体が講ずるべき基本的な施策を定めます。

その内容としては、次のようなものになると考えます。

○子どもの虐待防止、健やかに子どもを育てるための支援
○子どもを守り、救う関係機関の連携体制の強化
○子どもに対する犯罪、虐待行為の規制の強化
○常習的性犯罪者等の子どもに対する再犯の防止
○教員等子どもと接する業務からの性犯罪者等の排除
○児童ポルノの製造・流通の防止
○子どもの道路、公園等における安全の確保
○子どものインターネットにおける安全の確保
○子どものスポーツ等における事故防止
○子どもの日常生活における事故防止
○被害児童に対するケアの強化
○虐待を繰り返す親に対する再発防止
○子どもの死因検証

さらに、国民は、国、自治体、企業その他の団体が子どもの安全を確保するために十分な措置を講じていないとき、子どもの安全に配慮していないと認めるときは、「子ども安全委員会」(子どもの安全確保を監督する機関として新たに創設する国、自治体に設置される機関)に通報することができることとし、同機関は、通報を受けたときは調査し、問題があると認められる場合には是正を命ずることができる、というものです。条文案の骨子は次のとおりです。

第4章　子どもが守られる社会とするための総合的な施策の提言

子ども安全基本法

第1章　総則
1条（目的）
　この法律は、子どもの安全及び子どもの最善の利益の確保（以下「子どもの安全の確保」という）の責務を明らかにするとともに、子どもの安全の確保のための施策の基本となる事項を定めること等により、子どもの安全の確保のための施策を総合的かつ計画的に推進し、もって子どもの安全の確保を図ることを目的とする。
2条（基本理念）
　すべて子どもは、個人として尊重され、大人になるまで生命、身体の安全が確保されなければならない。
　2　国、自治体、企業はその活動に当たり、子どもの安全の確保に配慮して活動を行わなければならない。
　3　裁判官は、その職務の遂行に当たり第1項及び第2項に配慮するものとする。
3条（国の責務）
　国は、前条の基本理念にのっとり、子どもの安全の確保のための施策を総合的に策定し、及び実施する責務を有する。
4条（地方公共団体の責務）
　地方公共団体は、第2条の基本理念にのっとり、子どもの安全の確保に関し、国との適切な役割分担を踏まえて、その地方公共団体の地域の状況に応じた施策を策定し、及び実施する責務を有する。
5条（国民、企業の責務）
　国民及び企業は、子どもの安全の確保が社会にとって最も重要であることを認識し、自らの活動に当たっては子どもの安全の確保に配慮するとともに、国及び地方公共団体が実施する子どもの安全の確保のための施策に協力する

よう努めなければならない。

2 保護者は子どもに対して絶対に虐待をしてはならない。

6条（連携協力）

　国、地方公共団体、企業、子どもの安全の確保のための活動を行う民間団体その他の関係する者は、子どもの安全の確保のための施策が円滑に実施されるよう、相互に連携を図りながら協力しなければならない。

7条（子ども安全基本計画）

　政府は、子どもの安全を確保するための施策の総合的かつ計画的な推進を図るため、子どもの安全の確保のための施策に関する基本的な計画（以下「子ども安全基本計画」という。）を定めなければならない。

2 子ども安全基本計画は、次に掲げる事項について定めるものとする。

(1) 総合的かつ長期的に講ずべき子どもの安全の確保のための施策の大綱
(2) 前号に掲げるもののほか、子どもの安全の確保のための施策を総合的かつ計画的に推進するために必要な事項
(3) 内閣総理大臣は、子ども安全基本計画の案について閣議の決定を求めなければならない。
(4) 内閣総理大臣は、前項の規定に基づく閣議の決定があったときは、遅滞なく、子ども安全基本計画を公表しなければならない。
(5) 前二項の規定は、子ども安全基本計画の変更について準用する。

8条（法制上の措置等）

　政府は、この法律の目的を達成するため、必要な法制上又は財政上の措置その他の措置を講じなければならない。

9条（年次報告）

　政府は、毎年、国会に、政府が講じた子どもの安全の確保のための施策について報告を提出しなければならない。

第2章　基本的施策

10条（子どもに対する虐待・犯罪の未然防止、子育て支援）

　国、自治体は、子どもに対する虐待、犯罪、いじめその他の暴力が行われることがないよう学校その他の場を通じて、子どもに対する虐待その他の暴力は絶対に許されず、かつ、子どもを暴力や性の対象とすることも許されないものであることにつき、教育・啓発を継続して行うものとする。

　2　国及び地方公共団体は、子どものいる家庭に対して、子どもの虐待を防止し、健やかに子どもを育てることができるよう、乳幼児健診の実施、子育て支援その他の必要な支援を関係機関が連携して行うものとする。母子家庭、父子家庭、貧困等の事情のある家庭に対しては特に配慮しなければならない。

11条（子どもを守り、救う関係機関の連携しての取組みの強化）

　国及び地方公共団体は、虐待その他の加害行為を受けている子どもの発見・救出・保護の万全を期するために、児童相談所、警察、保健所、学校、病院その他の関係機関が確実に漏れなく情報を共有し、連携した活動により子どもを守ることができるよう必要な措置を講ずるものとする。

12条（子どもに対する犯罪、虐待行為の規制の強化）

　国は、子どもに対する犯罪、保護者による虐待行為等を防止するため、子どもの被害を防止するために規制が必要な行為について必要な措置を講ずるとともに、加害行為についてはその罪の法定刑の適正化その他の適切な措置を講ずるものとする。地方公共団体は地域の実情に応じ、子ども守るために必要な条例を整備するものとする。

13条（常習的性犯罪者等の子どもに対する再犯の防止）

　国及び地方公共団体は、子どもに対する常習的性犯罪者等が再び子どもを襲うことを防止するため、出所後の居住地の確認、専門的な治療・カウンセリングの受診その他の必要な措置を講ずるものとする。

14条（教員等子どもと接する業務からの性犯罪者等の排除）

　国及び地方公共団体は、学校、保育所、学童保育施設等子どもと常時接す

る業務に犯罪者等を就かせないために採用、資格、解雇等の制度を整備するものとする。

15条（児童ポルノの製造・流通の防止）

　国及び地方公共団体は、子どもが児童ポルノの被写体となることを防ぐとともに、児童ポルノの流通と子どもを性の対象とすることを容認する風潮を防止するために、児童ポルノに関する規制の強化、児童ポルノの流通防止のために必要な措置を講ずるものとする。

16条（子どもの道路、公園等における安全の確保）

　国及び地方公共団体は、道路、公園、駐車場・駐輪場、共同住宅、学校その他の施設において、子どもが犯罪者から襲われることを防止するために、照明施設、緊急通報施設、防犯カメラ等の施設の整備を講ずるものとする。

17条（子どものインターネットにおける安全の確保）

　国及び地方公共団体は、インターネットを利用することにより子どもが犯罪その他の被害に遭うことを防止するために、関係事業者が違法・有害情報の排除、ブロッキング措置、フィルタリング措置、性犯罪者等の利用を禁止する措置その他の措置を的確に行うために必要な措置を講ずるものとする。

18条　（子どものスポーツ等における事故防止）

　国及び地方公共団体は、スポーツ団体と連携し、スポーツにおける子どもの事故防止に努めることとし、起こった子どもの事故の原因を分析し事故の防止策を講じなければならない。子どもの事故防止上必要な場合には、指導者の資格制度の整備を含め適切な措置を講じるものとする。

19条　（子どもの日常生活における事故防止）

　国及び地方公共団体は、関係業界と連携し、子どもが遊技その他日常生活の中で、誤飲、転倒その他の事故に遭わないよう製品に必要な配慮をしなければならない。子どもの事故が起こった場合には、原因を分析し事故の防止策を講じなければならない。子どもの事故防止上必要な場合には、製品の改善その他の適切な措置を講じるものとする。

20条(被害児童に対する精神的ケアの実施)
　国及び地方公共団体は、犯罪、虐待その他の加害行為を受けた子どもの精神的ケアを含む治療を適切に行うため、児童相談所、児童養護施設、病院その他の施設について専門的な治療、カウンセリングを行うことができるよう施設の整備、人員の配置その他の適切な措置を講ずるものとする。
　2 国及び地方公共団体は子どもが性犯罪その他の被害を受けた場合に速やかに相談できるワンストップセンターを設置するものとする。
21条(虐待を繰り返す親に対する再発防止対策)
　国及び地方公共団体は、虐待を繰り返す親に対して有効なカウンセリングの受講その他再発防止のために必要な措置を講じるものとする。
22条(子どもの死因検証)
　国は、15歳未満の子どもが死亡した場合には、死因が明らかな場合を除き、その死因を検証するものとする。
23条(通報と指導)
　国民は、児童相談所、市町村の虐待担当部局、警察その他の子どもを守ることを責務とする機関が、子どもの安全を確保するための措置を講じていないと認めるときは、子ども安全委員会に通報することができる。
　2 国民は、企業その他の団体が子どもの安全に配慮せず子どもを危険に遭わせている疑いがあると認めるときは、子ども安全委員会に通報することができる。
　3 子ども安全委員会は、通報を受けたときは調査し、問題があると認められる場合には是正を指導し、その旨を公表することができる、

　(以下略)

2 子ども安全基本計画について

―子ども安全基本計画に記載する施策―

　子ども安全基本法の基本的施策（10条から22条）について、実施する事項の具体的内容と実施の期限等を子ども安全基本計画に定めることになります。
　たとえば次のとおり。

10条（子どもの虐待防止、健やかに子どもを育てるための支援）に関する施策
・子どもに対する虐待・犯罪・いじめその他の暴力は絶対に許されないことについての教育・啓発を徹底して行うための方策について、ドメスティックバイオレンス防止の教育・啓発との連携も視野に入れ○年をめどに検討する（文科省、厚労省、警察庁）。
・子育てに悩む母親等が気軽に立ち寄り、相談することのできる施設、相談窓口の整備等の在り方について、○年をめどに検討する（厚労省）。
・母子家庭、父子家庭、貧困等の事情のある家庭における虐待防止に資するため、離婚し子どもを育てながら養育費の支払いを受けていない保護者に対して、国が養育費を立て替え払いし、不払いの親に対して取り立てるなど養育費の支払いを受けていない保護者を支援する制度について○年をめどに検討する（厚生労働省、法務省）。

11条（子どもを守り、救う関係機関の連携体制の強化）に関する施策
・児童相談所、学校、医療機関、保健所、警察等の関係機関が確実に漏れなく虐待が疑われる情報を共有し、連携して活動を行うためのガイドラインを○年をめどに作成する（警察庁、厚生労働省、文部科学省）。
・虐待が疑われる場合の通告を励行するための制度の在り方について、○年

第4章 子どもが守られる社会とするための総合的な施策の提言

をめどに検討する（警察庁、厚生労働省、法務省）。
・被害児童の一時保護制度の在り方について○年をめどに検討する（厚生労働省、警察庁）。
・保健所をはじめとする関係機関による妊産婦の家庭に対する訪問回数の増加、子育てに関する相談をしやすい体制の整備その他の家庭における虐待リスクを少なくするための取組みのあり方について○年をめどに検討する（厚生労働省）。

12条（子どもに対する加害行為の規制等）に関する施策
・子どもに対する殺人、強姦（致死）、強制わいせつ（致死）、逮捕監禁（致死）、保護責任者遺棄（致死）、傷害（致死）について、その法定刑の引き上げについて○年をめどに検討する（法務省）。
・保護者による子どもの繰り返しての虐待により死に至らしめた行為について特別の犯罪類型とすることについて○年をめどに検討する（法務省）
・保護者のいずれかが子どもに対して犯罪を犯したことが明らかだがいずれが犯したか判明しない場合に刑罰を科することの是非、あり方について○年をめどに検討する（法務省）。
・子どもに対してつきまとい、追いかけ、声をかけ畏怖させるなどの行為について、その処罰の必要性について○年をめどに検討する（警察庁、法務省）。

13条（常習的性犯罪者等の子どもに対する再犯の防止）に関する施策
・出所した性犯罪者について住所等の事項を警察に届出を義務付ける制度、電子的監視装置の装着、専門的な治療・カウンセリングの受診等の制度の創設について○年をめどに検討する（警察庁、法務省）。

14条（教員等子どもと接する業務からの性犯罪者等の排除）
・教員、保育士、学童保育施設職員、ベビーシッター、学校ボランティア等

子どもと接する業務に性犯罪者等を就かせないための法制度の整備について〇年をめどに検討する（文科省、厚労省、法務省）。

15条（児童ポルノの製造・流通の防止）に関する施策
・児童ポルノの製造行為の厳罰化について〇年をめどに検討する（法務省）
・コンピュータ・グラフィックス、劇画等による児童ポルノの違法化、年齢が確認できない児童ポルノのようにみえるポルノの規制の在り方について〇年をめどに検討する（法務省）
・プロバイダによる児童ポルノの削除、ブロッキングの効率的な実施のための国による技術的・経済的支援の在り方及び法整備について〇年をめどに検討する（総務省、法務省）
・着エロ、JKビジネスを法律で禁止することについて〇年をめどに検討する（厚労省、法務省）。

16条（子どもの道路、公園等における安全の確保）に関する施策
　道路、公園、駐車場、共同住宅、学校における子どもの安全対策の推進方策について〇年をめどに検討する（警察庁、国土交通省、文部科学省）。

17条（子どものインターネットにおける安全の確保）に関する施策
　子どもが利用するチャット、ＳＮＳについて利用者の厳格な本人確認、ログの保存、子どもの利用制限、性犯罪者の排除のあり方などについて〇年をめどに検討する（警察庁、法務省、総務省）。

18条　（子どものスポーツ等における事故防止）に関する施策
・子どもの重大な事故が生じているスポーツについて、これまでに起こった事故の原因を分析し事故の防止策を講じ、子どもの事故防止上必要な場合には指導者の資格制度の整備を含め適切な措置を〇年をめどに検討する。

19条（子どもの日常生活における事故防止）に関する施策

・子どもが遊技その他日常生活の中で誤飲、転倒その他の事故に遭わないように配慮しなければならない遊具・製品・商品等について検討し、それらの改善策について○年をめどに検討する。

20条（被害児童に対する精神的ケアの実施）に関する施策

・虐待、性犯罪等による被害を受けた子どもに対する精神的・身体的な治療、回復のための治療・カウンセリングを効果的に実施する体制の整備について○年をめどに検討する（厚生労働省）。

・児童養護施設の最低施設基準について○年をめどに見直す（厚生労働省）。

・虐待、性犯罪等の被害に遭った子どもから、被害を受けた子どもにふさわしい施設で一回で必要な事情聴取を終えることができる制度の在り方について○年をめどに検討する（警察庁、法務省、厚生労働省）。

21条（虐待を繰り返す親に対する再発防止対策）に関する施策

・虐待を繰り返す親に対して再発防止のため、裁判所によるカウンセリングを受講させる、専門的な医師による治療を受けさせるなどの制度の創設を含めて虐待の繰り返しを防止するあり方について○年をめどに検討する。（最高裁判所、厚生労働省、法務省）。

22条（子どもの死因検証）に関する施策

・15歳未満の子どもが死亡した場合に、死因が明らかな場合を除いて、関係機関が連携して死因を検証する制度を○年をめどに検討する（厚労省、警察庁、法務省）。

―子ども安全基本計画の定め方―

　次に、子ども安全基本計画の定め方です。これには関係省庁の担当官のほか、児童虐待問題、児童ポルノ問題、子どもに対する犯罪防止問題などに長年携わっているＮＧＯの代表を含めた専門家会議を設置して、そこで、ＮＧＯや一般国民から広く検討すべき施策の提案を受け、それらについて検討していくという方法がふさわしいものと考えます。
　そして、検討すべきとされた施策についてまとめたものを「子ども安全基本計画」として閣議で決定することが効果的です。
　また、施策の実施状況を毎年公表し、ＮＧＯ、一般国民からの評価を受けるという方法をとることが望ましいと考えます。

3 期待される効果

　このような「子ども安全基本法」を制定し、「子ども安全基本計画」を定めることにより、首相のリーダーシップで腰の重い省庁を動かすことができ、先に述べた多くの必要な法改正等の施策が速やかに実現すると期待できます。現在は、児童相談所の職員というごく一部の公務員の反対で実現していない、関係機関が情報共有の上連携して虐待から子どもを守るという当たり前の取組みも直ちに実現するでしょう。これらの直接的な効果のほか、次のような効果も期待できます。

―期待される企業による支援―

　企業による子どもたちへの支援も今までより活発になることも期待できます。ＣＳＲ（企業の社会的責任）の取組みは最近活発になってきており、多くの企業で環境や社会（人権）の分野に関する様々な取組みがなされていま

す。社会（人権）の分野のCSRの取組みとして、虐待を受けた子どもたちへの支援、具体的には、児童養護施設の子どもたちへの必要な物資の支援や、大学進学のための奨学金の給付、就業支援、自社での優先採用などが考えられます。

　児童養護施設で暮らす子どもたちへの物資の支援は個人でもできますので、企業には大学進学のための奨学金の給付や就職支援、優先採用をやっていただければありがたいと思います。また、自動車メーカーなら自動車整備士学校への進学支援、製薬会社なら大学の薬学部や医学部への進学希望者に対する学資支援など業態に応じた支援の仕方が考えられます。

　18歳で児童養護施設を出て、一人で生きていかざるを得ない子どもたちに対する国の支援はほとんどありません。大学進学の道も多くの場合閉ざされています。企業による支援に期待せざるを得ない状況なのです。

　また、虐待された子どもを治療・ケアする施設、あるいは前述の「性的虐待・性犯罪ワンストップセンター」を病院の一部に設置し、その運営資金を援助するといった支援の仕方も考えられます。マクドナルドでは、「ドナルド・マクドナルド・ハウス」という難病の子どもを看護する親のための宿泊施設を各地に設置しています。なかなか国、自治体の整備が期待できない中、企業の支援に期待するところは大きいものがあります。

―法律の制定・解釈、対立する利益の調整に当たっては子どもの利益を優先させる―

　子ども安全基本法を制定し、子どもの安全を優先することを国、自治体、企業の活動の原則とすることにより、法律の制定・解釈、対立する利益の調整に当たっては大人の利益より子どもの利益を優先させるという考え方が、定着することが期待できます、といいますか、是非とも期待したいです。現在は、次のような、子どもよりも大人の利益を優先させるかのごとき質問や

言動が、一部からなされています。

　2014年6月4日、児童ポルノの単純所持を規制する法案が審議されている衆議院法務委員会で、民主党（当時）の枝野幸男議員は、以前に児童ポルノを購入した当時は自己の性的好奇心を満たす目的であったが、法施行後はそのような目的でなくなった場合には犯罪成立はしないということでいいか、以前買ったが今はどこにあるか分からない、今は自己の性的好奇心を満たす目的がなくなっている場合には家探ししてまで探すことは求められないということでいいか、など児童ポルノを楽しみ、子どもに耐えがたい精神的苦痛を与えていた大人を守ろうとするような、そんな大人に罪を逃れさせる知恵を与えかねないような質問をしていました。改正法案では単純所持の禁止の罰則の適用は1年後からとされていることから、前から児童ポルノを所持している場合の罰則の適用を質問したのですが、被写体とされた子どもたちのことを考えれば、少しでも子どもたちを安心させようという立場にたてば、そして国会議員であるならば、「罰則適用までの1年間の間に、買った覚えのある人は家探ししてでも児童ポルノは捨てましょう」とか「政府はそれを広く広報すべきと思うがどうか」と言うべきでしょう（このような趣旨の質問は参議院の法務委員会で公明党の佐々木さやか議員がしてくださいました）。

　私はこの国会での衆議院法務委員会、参議院法務委員会とも傍聴に行きましたが、枝野議員の質問には、苦しんでいる児童ポルノの被害者をいかに助けるのか、いかにケアしていくのか、という意識はほとんど感じられず、専ら児童ポルノを楽しんできた大人にただただ配慮し、守ろうとしている、そういう姿勢を感じました。私は、国会議員が国会と言う場で、このようなことを正々堂々と質問する姿に、さらに、それがマスコミで全く問題視されないことに、非常に違和感を感じました。マスコミは、国会議員がこういう質問をすることに違和感なり問題として報道する意義は感じないのでしょうか。

▼

また、既述のとおり、最近、保育所の設置や児童相談所の設置に対して地域住民が反対するなどの動きが顕著になっていますが、このような動きは保育所や児童相談所が「迷惑施設」であるかのような対応と感じざるを得ず、大人の利益を子どもの利益より優先するものと言わざるを得ません。
　子ども安全基本法が制定され、対立する利害の調整に当たっては子どもの最善の利益を優先するという考え方が定着することにより、このような児童ポルノ愛好者の利益や自分たちの経済的利益を子どもの利益より優先させるような考え方が自然となくなっていくことを強く期待するものです。

4　憲法に「子どもの虐待防止」を入れる

　わが国で子どもの安全に対する法制度の整備が遅れている最大の理由は、わが国社会が「子どもの安全」、より広くは「子どもの幸福」にさほど関心をもたないことにあると考えています。体罰を容認する風潮や子どもを親の所有物とでも考えているのではないかと思われる一部の親や裁判官、子どもを襲う加害者の自由を過度に強調し、子どもを守る法規制や警察に権限を与えることに反対する学者や弁護士、民主党（当時）などの一部政党、それをあえて問題にしないマスコミなど、取りうる対策があるのにあえて取ろうとしないわが国社会の風土に最大の責任があるように思うようになりました。先に述べましたが、児童の権利条約では考慮されなければならないとされている「児童の最善の利益」がわが国では重要視されていないのです。
　そこで、憲法を改正し、「子どもの安全を確保することは国家、国民の最大の義務である」という趣旨の条項を入れるべきだと思います。より具体的には、「子どもを絶対に虐待してはならない」、「子どもを性の対象としてはならない」という条文でもいいと思います。憲法という最高規範で子どもを守ることは国家、国民の最大の義務であることを規定することにより、より子どもを守ることができるようになるのではと思う次第です。

【著者略歴】 後藤啓二

弁護士。NPO法人シンクキッズ—子ども虐待・性犯罪をなくす会代表理事。

昭和57年3月東京大学法学部卒業後、同年4月警察庁入庁。内閣法制局参事官補佐、警察庁生活安全局理事官、大阪府警察生活安全部長、愛知県警務部長、内閣参事官（安全保障・危機管理担当）等を歴任し、平成17年警察庁退職。

現在、後藤コンプライアンス法律事務所代表。国立大学法人東京医科歯科大学特命副学長（法務・コンプライアンス・地域貢献担当）、明石市、荒川区の児童相談所設立アドバイザーなどを務める。

弁護士になってからは、企業、官庁、自治体、病院、学校、スポーツ団体などのコンプライアンス・リスク管理、反社会勢力対策等の企業法務に従事するとともに、全国犯罪被害者の会（あすの会）の顧問弁護団の一員、副代表幹事として、犯罪被害者の司法参加等を定めた刑事訴訟法の改正に向けた取組みに携わり、内閣府男女共同参画会議女性に対する暴力部会、東京都青少年問題協議会の委員を歴任し、第三次男女共同参画基本方針の策定や子どもの性行為等を描いた漫画の販売を条例で規制することを内容とする答申の策定に関与、児童ポルノの単純所持を禁止する法改正に他団体ともに取組む。

著書として、「子ども虐待死ゼロを目指す法改正の実現に向けて」（エピック社）、「法律家が書いた子どもを虐待から守る本」（中央経済社）、「なぜ被害者より加害者を助けるのか」（産経出版社）、「日本の治安」（新潮新書）、「企業コンプライアンス」（文春新書）、「リスク要因からみた企業不祥事対応の実務」（中央経済社）、「企業・自治体・警察関係者のための暴力団排除条例入門」（東洋経済新報社）、「実践・病医院コンプライアンス」（中央経済社）等多数。

（ホームページ、フェイスブック）
シンクキッズ
http://www.thinkkids.jp/　https://facebook.com/thinkkidsjp
後藤コンプライアンス法律事務所
http://www.law-goto.com/　https://facebook.com/kobegoto

子どもが守られる社会に

発刊日	2019年3月1日
著　者	後藤啓二©
発行人	奥間祥行
発　行	株式会社エピック
	651－0093　神戸市中央区二宮町1－3－2
	電話078（241）7561　FAX078（241）1918
	http://www.epic.jp　E-mail: info@epic.jp
印刷所	モリモト印刷株式会社

©2019 Keiji Gotou Printed in Japan
ISBN978-4-89985-202-5 C0036
本書の全部もしくは一部を無断で複写、
引用することは法律で禁じられています。
定価はカバーに表示しています。
乱丁・落丁の本はお取り替えいたします。